清朝热搜榜

乾隆盛世卷 →

黄荣郎 著

中国法制出版社

CHINA LEGAL PUBLISHING HOUSE

北京市版权局著作权合同登记号　图字：01-2017-9297

图书在版编目（ＣＩＰ）数据

清朝热搜榜. 乾隆盛世卷 / 黄荣郎著. -- 北京：中国法制出版社，2024.4
ISBN 978-7-5216-4311-4

Ⅰ. ①清… Ⅱ. ①黄… Ⅲ. ①中国历史－清代－通俗读物 Ⅳ. ①K249.09

中国国家版本馆CIP数据核字(2024)第050113号

策划编辑：李　佳　孙璐璐

责任编辑：刘冰清　　　　　　　　　　　　　　　　封面设计：汪要军

清朝热搜榜. 乾隆盛世卷
QINGCHAO RESOUBANG. QIANLONG SHENGSHI JUAN

著者 / 黄荣郎

经销 / 新华书店

印刷 / 三河市紫恒印装有限公司

开本 / 710 毫米 × 1000 毫米　16 开　　　　　　印张 / 13.75　字数 / 296 千

版次 / 2024 年 4 月第 1 版　　　　　　　　　　2024 年 4 月第 1 次印刷

中国法制出版社出版

书号 ISBN 978-7-5216-4311-4　　　　　　　　　定价：55.00 元

北京市西城区西便门西里甲 16 号西便门办公区

邮政编码：100053　　　　　　　　　　　　　　传真：010-63141600

网址：http://www.zgfzs.com　　　　　　　　　**编辑部电话：010-63141837**

市场营销部电话：010-63141612　　　　　　　**印务部电话：010-63141606**

（如有印装质量问题，请与本社印务部联系。）

序 言

之前有一次回乡下祭祖，我在家族宗祠中发现了清朝时由福建渡海到台湾的先祖的名字，他是我爷爷的爷爷的爷爷（说实在的，我这不肖子孙竟有点记不清楚到底是隔了几个爷爷），这是我第一次感觉到历史离我这么近。清朝，就是这么一个既陌生又熟悉的朝代。朋友中，有人在高科技公司上班，但他几代以前的阿公却是清朝的王爷；有人打扮得充满时尚感，但小时候曾见过缠着小脚的祖母；也有人住在高楼豪宅中，而其祖屋却是百年前留下来的传统建筑。我们或许说不出宋代、明代的古人和我们有什么关系，但清代的古人却或多或少与我们有些关系。

在爱新觉罗氏的指挥之下，清朝开创了傲视全球的康乾盛世；在西方科技与武力的叩门声之中，沉睡已久的清朝受到了前所未有的冲击；在新思潮的兴起之下，传承了两千多年的封建君主专制政体迅速崩溃瓦解。清代是一个充满矛盾与冲突，兼具荣光与哀歌的新旧交替的时代，中国的历史长河在清代汇入了国际化的大洋之中。《清朝热搜榜》系列便是试着在与历史对话的过程中去传递过往的记忆，去追溯大清的真实样貌。

我在编写《战国热搜榜》系列时，为了搜集足够的史料而遇到许多难题，这次的困难之处却完全反过来了。由于清代离我们较近，遗留下来的材料可说是有如瀚海一般，实录、传记、行状、地方志、笔记，以及学界的专著论文可说是多到令人窒息的地步。如何删减裁切，让读者能看得精彩又不至于晕头转向，反倒成了《清朝热搜榜》系列最困难的地方。虽然清朝的历史应该追溯到一五八三年努尔哈赤以十三副遗甲起兵，但因为"创业"时间拉得较长，为免影响紧凑感，我把这一部分留在《明朝热搜榜》系列再写，所以本系列从公元一六二六年努尔哈赤的最后一场战役写起，一直到辛亥革命成功的一九一一年结束。

《清朝热搜榜》系列共分五册，前两册以轻松的方式再现辽东争霸、明亡清兴的惊险过程，展示皇太极内固皇权、外并天下的秘闻，重现闯王李自成攻占北京、吴三桂引清兵入关的场景，窥探摄政王多尔衮、顺治帝福临两人之间的恩仇，鄙视南明诸王苟延残喘、互扯后腿的闹剧，展现郑成功驱逐荷兰人、收复台湾、抵抗清军的豪壮，以及康熙智擒鳌拜、平三藩收台湾，一统天下的气势。三册、四册则重现康乾盛世的荣光，再现康熙大帝执政的心路历程，窥探诸位皇子为储位的明争暗斗，展现四爷雍正高深莫测的政治手腕。在赞叹乾隆缔造了盛世的同时，也垂泪于东方巨龙的闭关沉睡。最后一册则写尽曾经睥睨天下的大清，从当世富豪变成破落户的辛酸，以及一次次与外敌对抗所带来的屈辱。

除了专题报道，以及可以快速轻松查考及搜索历史事件的"热搜事件榜单"之外，我也特别在相关的时间点上，加入了一些国际要闻，以便让读者更好地了解清朝与当时国际趋势之关系。在每一年的版头都清楚地标注了事件发生的年代，内文涉及月、日的部分，为了与古籍记载相符，都采用阴历，以免读者混淆，不便之处，还请读者见谅。在一些皇帝名字后面的庙号，其实是要等到人死了之后才会给的，只是为了方便读者在熟悉的传统人物印象与本书角色之间切换，才特别以括号注记。另外，顺带一提的是，清初的发辫并不像清宫剧人物那样潇洒有型，其实只在脑后留了大约一个铜钱的大小，绑起来的辫子有点像老鼠尾巴。那样子实在是过于滑稽，丑到连我自己也画不下去，为免英雄人物的形象在读者眼前幻灭，所以还是美化了一下，要提醒各位读者不要搞错了。

当年，西方列强高举殖民主义旗帜，以武力强行打开中国市场，用鸦片赚取高额暴利；当年，民不聊生、赤字高悬，达官显贵依然过着奢华的生活；当年，人们看到一次又一次翻身的机会，却又一再让机会从指缝间溜走。而轰隆的枪炮声及人民的怒吼，就宛如为大清国特别谱写的哀歌。鉴古知今，唯有学到历史的教训，才能不再犯下错误。真实地写史，是身为一个历史作家的责任，但了解并创造新的历史，是所有两岸中国人共同的义务。我们知道，百年前的昨天，从云端跌落的古老中国惨遭列强欺凌；但我们希望，百年后的今日，自谷底重生的新中国能让世界致敬。

或许有些人会觉得历史是一些老掉牙的东西和故事，对生活没有什么帮助，不如看些励志、理财、健康、美食或是科技方面的书比较实用。其实我年轻时也这么认为，但一直到进入社会之后才发现，做事是本分，做人才是关键。做事的方法你可以凭着自己不断的努力去领会，但做人的道理却必须借着一次又一次的错误，才能领会。有很多时候你吃了同事或老板的闷亏，才会恍然大悟；有很多时候你说了不对的话，或做了一些错误的决策，才会感到追悔莫及。其实这些，历史上已经出现过很多次了，它就像一面明镜，反映出人类不断重复的行为模式。当你把历史故事转化为智慧的时候，就会发现它是最实用的一门课程。毕业之后，以前所学的微积分之类的科目，几乎没有在生活中派上用场。而写作过程中大量接触到的历史故事，却让我更能洞悉事情的发展脉络，更能做出正确的判断与恰当的反应。千万不要以为你我和古人有什么不同，我们和古人的思考模式并没有区别。所谓鉴古知今，就是借由古人的经验，让你有了了解现在的能力。而人生的胜负，往往只取决于几个重要的抉择点，以及一念之间的差异，不是吗？

　　不管这个时代的我们身处何处，数千年同源同种的历史文化，却是中华儿女共同的根与骄傲。谢谢中国法制出版社的诸位前辈，在编辑过程中给予的指导与协助。希望这一系列的出版，可以帮助读者们用更轻松的方式获得乐趣与知识，在朋友间晋升为历史达人。谢谢正在翻阅这本书的朋友们，愿意让我的创作占用您一点点美好时光。

目 录

皇族世系表（部分）·大清

爱新觉罗氏

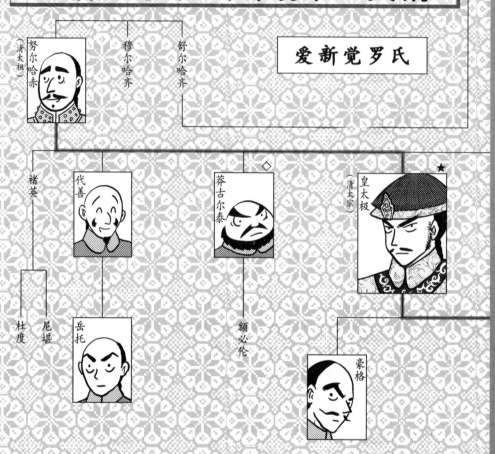

努尔哈赤（清太祖）
穆尔哈齐
舒尔哈齐

褚英
代善
莽古尔泰
皇太极（清太宗）★

杜度
尼堪
岳托
额必伦◇
豪格

努尔哈赤诸子

- ★ 叶赫那拉氏之子
- ■ 乌喇那拉氏之子
- ◇ 富察氏之子
  其他

阿敏 济尔哈朗

德格类 阿济格 多尔衮 多铎

（宸妃海兰珠之子）

（清世祖）

福临

备注

宸妃之子及董鄂妃之子均早殇，未取名。

皇族世系表（部分）·大清

福全

玄烨
（清圣祖）

荣亲王
（董鄂妃之子）

常宁

爱新觉罗氏

1 胤禔
2 胤礽
3 胤祉
4 胤禛（清世宗）
5 胤祺
7 胤祐

8 胤禩
9 胤禟

弘时
弘历（清高宗）
弘昼
弘瞻

10 胤䄉
12 胤祹

13 胤祥
14 胤禵（胤祯）
15 胤禑
16 胤禄
17 胤礼

22 胤祜
21 胤禧 24 胤秘
20 胤祎 23 胤祁

皇族世系表（部分）·大清

颙琰（清仁宗）

旻宁（清宣宗）

奕詝（清文宗）　慈禧　奕䜣　奕譞

载淳（清穆宗）　载湉（清德宗）　载沣

（过继）　（过继）

溥仪（宣统帝）

爱新觉罗氏

皇族世系表（部分）·大明

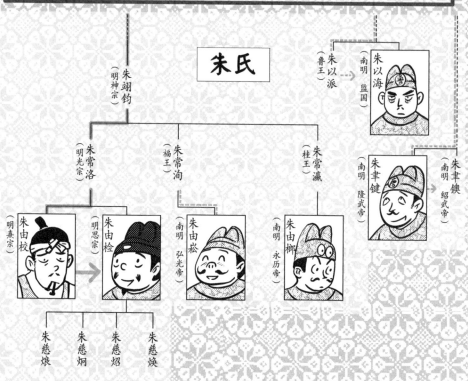

朱氏

朱翊钧
（明神宗）

朱以派
鲁王

朱以海
（南明 监国）

朱常洛
（明光宗）

朱常洵
福王

朱常瀛
桂王

朱聿键
（南明 隆武帝）

朱聿鐭
（南明 绍武帝）

朱由校
（明熹宗）

朱由检
（明思宗）

朱由崧
（南明 弘光帝）

朱由榔
（南明 永历帝）

朱慈烺

朱慈炯

朱慈炤

朱慈焕

重要登场人物·大清

注：本页登场人物中，"庄妃"和"孝庄太皇太后"实为一人，因前后形象差异较大，故同时列出。

重要登场人物·大清

重要登场人物·大清

重要登场人物·大清

 百龄
 杨芳
 奕山
 端方
 载泽
 毕沅

 胡雪岩
 李光昭

重要登场人物·大明

 袁崇焕
 魏忠贤
 毛文龙
 祖大寿
 曹文诏
 卢象升

 左良玉
 张凤翼
 苗胙土
 杨嗣昌
 孙传庭
 吴阿衡

 高起潜
 贺人龙
 周延儒
 史可法
 李建泰

重要登场人物·其他

耿仲明　吴三桂　尚可喜　吴应熊　尚之信　耿精忠

王辅臣　李自成　牛金星　张献忠　孙可望　林丹汗

刘宗敏　李定国　高迎祥　罗汝才　郑芝龙　郑成功

郑经　郑克塽　冯锡范　郑泰　何斌　噶尔丹

拉藏汗　策妄阿拉布坦　罗卜藏丹津　噶尔丹策零　颇罗鼐　莎罗奔

阿尔布巴　纳木扎尔　喇达尔扎　珠尔墨特那木札勒　达瓦齐　渥巴锡

重要登场人物·其他

索诺木　黎维祁　张格尔　彼得罗芙娜　乔治三世　华盛顿

多罗　马戛尔尼　洪任辉　拿破仑　维多利亚女王　明治天皇

拿破仑三世　赫德　李泰国　蒲安臣　斯坦因　郭士立

亚马喇　朱一贵　杜君英　林爽文　庄大田　王伦

王聪儿　林清　洪秀全　杨秀清　萧朝贵　冯云山

韦昌辉　石达开　孙文　杨衢云

第一章

雍正登基 实行新政

（公元一七二三年～一七三五年）

▸ 政府废除乐籍丐户
贱民得享基本人权

▸ 罗卜藏丹津发动叛乱
青海二十万人抗清军

▸ 摊丁入亩有益贫农
全国各省陆续实施

▸ 年羹尧居功自傲
跌落为杭州将军

公元一七二三年 **公元一七二四年** **公元一七二五年** **公元一七二六年**

▸ 八旗子弟生计难
政府甄选教养兵

▸ 岳钟琪精骑夜驰突袭
罗卜藏丹津兵溃瓦解

▸ 八爷允禩被削宗室
含泪改名为阿其那

▸ 准噶尔用兵在即
军需房秘密成立

▸ 整顿历年积欠税款
政府划出时间分界
旧税勾销其余严缴

▸ 傅尔丹岳钟琪分领北
西两路
征准噶尔部军需房正
式挂牌

公元一七二七年 **公元一七二八年** **公元一七二九年** **公元一七三〇年**

▸ 签订《恰克图条约》
东正教堂现北京

▸ 雍正勤批密折
今起加抄副本

2

▶ 傅尔丹中计大溃败
北路军撤回科布多

▶ 噶尔丹策零求和
雍正帝同意停战

公元一七三一年　　**公元一七三二年**　　**公元一七三三年**　　**公元一七三四年**

▶ 军机处铸印地位日重
内阁渐弱皇权更专制

▶ 岳钟琪被判斩监候
罪由牵强司法不公

▶ 雍正驾崩
密旨揭晓

公元一七三五年

年度热搜榜

【雍正元年】公元一七二三年

> 大人，皇上要你立刻觐见。

> 完了，一定是上次那件事。

雍亲王旧时请托被拒　鄂尔泰今日被擢升官

原本在内务府任职员外郎（中级官员）的鄂尔泰，日前被擢升为江苏布政使（地方行政长官）。而鄂尔泰在胤禛（清世宗）继位后不久便被提拔的原因，据记者了解是胤禛之前还是雍亲王（第一等爵位）的时候，有一次曾向鄂尔泰请托的事。当时只是个小小员外郎的鄂尔泰，面对皇子的请托，居然敢义正词严地以皇子不应结交外官为由而断然拒绝。结果碰了一鼻子灰的胤禛不但没有因此生气，还深觉他说得极有道理而把这个人给牢牢记住了。果然胤禛在继位后不久，便先任命他为云南乡试的副主考官，随后又提拔他为布政使，看中的应该就是他守法甚严，不受他人请托的行事风格。

政府廢除乐籍丐户　贱民得享基本人权

在御史（监察官）年熙奏请废除乐籍的建议之下，雍正帝日前已通过礼部，正式废除了山西、陕西境内的教坊乐籍身份，让这些被一般百姓视为贱民的人，都可以改良为业，重新开始人生。九月，雍正又依御史噶尔泰之议，照乐户之例削除堕民丐户之籍，使其能跳脱世代永为贱户不得翻身之轮回。而所谓的"乐籍"，其实是在明朝永乐（燕王朱棣，即明成祖）起兵之时，因为山西、陕西一带有不肯归附之百姓，所以政府在事后进行报复性的惩罚，将其编为乐户并另分籍贯，罚其世世代代俱娼，只要绅官土豪呼召皆不敢不到，侑酒宣淫，受尽万般贱辱。而"堕民"则要追溯到宋代，当时某些战败罪俘的子孙，也被政府另编籍贯称为丐户。堕民们不但被禁止读书，不能参加科举考试，也不能从事一般民众的行业，甚至连服饰亦另有规定以别于一般人。男的要戴上狗头状的帽子，并不得穿长衫，女的只能穿青色上衣、蓝色裙子，更不许戴耳环。男子只许充当吹鼓手、婚丧礼的杂役等，以演戏、抬轿或捕龟、卖锡、逐鬼为生，女子则只能为人做媒、卖珠、接生，或在新娘嫁娶时为人髻冠梳发。这次政府削除这些人的贱籍，使这些没有犯错的人终于可以享有一般人最基本的权利，可说是在人权平等方面的一大进步，已获得世人的肯定与表扬。

胤禛清算兄弟 允禟远派允禵守陵 八弟晋升暂受安抚

胤禛不久前发布了一道命令，将允禟（胤禛九弟）派赴西宁前线，去处理军前买办粮草的重任。不过，明眼人一看就知道，允禟是被迫与允禩（胤禛八弟）等人分开，而被置于胤禛亲信年羹尧的监视之下。而允禵（胤祯，为胤禛十四弟）则是被解除了军权，然后被派到马兰峪以东的汤山去守护圣祖康熙的陵寝。随后，胤禛又下令逮捕了允禵的家人雅图、护卫孙泰等人永远枷示，并革除允禵的禄米，还派人对其行动严加监视。而另一个被视为与允禟、允禵同党的允禩，反而步步高升，在去年年底被加封为和硕廉亲王，担任理藩院尚书（高级官员），不久前又让他办理工部的事务。不过，政治评论家认

胤禛开始动手整肃之前与他争夺皇位的众兄弟

为，胤禛应该不是已经对允禩尽释前嫌，要将这个对他威胁很大的阻力化为助力，而是因为允禩在诸王兄弟及大臣中的影响力仍旧很大，目前暂时还动不了他，所以就先予以安抚。对于这一点，允禩自己似乎也很清楚，甚至连他的福晋（夫人）在娘家前来对允禩升为亲王之事道贺时，都被记者听到她对娘家人无奈地说："这有什么好值得贺喜的，只怕不知道哪一天脑袋就不保了。"

两广总督剿捕强盗集团 首脑斩首余众挑断脚筋

危害两广地区的张祖珠强盗集团，在中央政府下令严加缉办之下，已于今年五月被两广总督（地方行政长官）杨琳所剿。剿捕过程中，有十五名盗匪被当场格杀，其余的集团首脑八人，及集团成员一百零四人全都被捕获监禁。到了七月，本案正式宣告终结，被逮捕的盗匪除了有十三人死在狱中之外，犯案情节重大的十六人已被斩首，剩余的八十三人则全数被挑断脚筋，无法再继续危害乡里。

山西省天灾官员冷漠
田文镜告发援救灾民

受命前往告祭华山的侍读学士（侍从官）田文镜，在办完事后返回北京的途中，刚好见到山西地区因天旱荒歉而导致民生困难。但他同时也发现地方政府对此却视若无睹，仍然照常征收赋税，而未有任何赈济的行动，于是便立即为此提出报告。胤禛在得知此事之后，气得把匿灾不报的山西巡抚（地方行政长官）德音调职回京转任学士，而将布政使森图给立即革职，然后令直言无隐的田文镜立刻动身前往山西赈济灾民。据说，由于政府的及时救援，获救的灾民竟高达七八十万人。而田文镜随后也因表现杰出而被任命代理山西布政使之职，并开始受到胤禛的重视。

同胞手足不见真情
十四爷晋升郡王
只因慰太后之灵

被冷落在汤山看守圣祖陵寝的允禵，在五月底因皇太后去世而被胤禛召回京城奔丧。只不过，胤禛对于这个同母所生的亲弟弟似乎越来越不亲了，虽然在皇太后灵前将其由固山贝子（第四等爵位）晋封为多罗郡王（第二等爵位），但仍公开宣诏说允禵无知狂悖、心高气傲，这次会晋升他爵位，只是为了安慰皇太后之心罢了。随后，胤禛立刻要求允禵离京回去守陵，并派人加强监视，不想任何人有和他串联的机会。同时，也有人说皇太后之所以会病逝，是因为她看到胤禛对同胞兄弟下手过于心狠。但这种说法并未得到证实。

十四爷允禵虽然在太后去世之后被封为郡王，但雍正仍毫不留情地予以打压

6

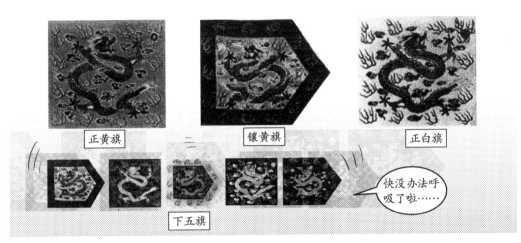

正黄旗　　镶黄旗　　正白旗

下五旗

快没办法呼吸了啦……

罗卜藏丹津发动叛乱 青海二十万人抗清军

准噶尔部的策妄阿拉布坦因不甘于西藏的行动失败，又煽动青海和硕特部首领罗卜藏丹津发动叛乱。据了解，罗卜藏丹津是个极具野心的人，他想恢复先祖时期的霸业，便诱使青海诸部会盟，并要各部首领舍弃清廷所给的封号及爵位，恢复原来的名号。不过，同族的郡王额尔德尼和亲王察罕丹津却坚持反对的立场，于是罗卜藏丹津便向他们发动了攻击。清廷在获得消息之后，派兵部侍郎（高级官员）常寿前往罗卜藏丹津的驻地加以制止，并给予严厉警告。但罗卜藏丹津则反诬额尔德尼有侵占西藏的野心，同时又把常寿给扣押了起来，然后勾结塔尔寺大喇嘛等人，鼓动西宁附近数百里之内所有的寺院喇嘛全都披甲执械，连同其部众、民众，共聚集了二十万人发动武装叛乱，攻城抢劫、放火作乱，与清军正式摊牌展开对抗。

压制下五旗巩固皇权 旗主影响力已趋淡化

胤禛在日前针对下五旗的诸王旗主颁布了最新的谕令，规定从今以后，旗主对于旗下所属人员，不准再擅自动用私刑或任意查抄家产。如果旗下属人涉嫌不法，旗主必须向皇帝报告，然后交由相关单位依法审判。同时也规定，诸王旗主除护卫人员外，其他人员的升迁任免之权，都收归中央统一管理。如需要调用旗下之人担任差使，或处理旗主私人事务者，也不能再像以前那样随意，必须先列出名册呈报请旨。一般认为，胤禛这样的行为，主要目的在于削弱下五旗诸王旗主的影响力，以维护其尚未稳固的皇权。如此一来，大清初起之时，诸王凭借各旗实力以争权夺势，甚至竞争皇位的情形将不复见。除皇帝亲领的上三旗外，下五旗的旗主已经不再具有实体权力，与旗下之人的主仆关系也逐渐淡化，变成只是一个行政管理的职务罢了。

记取亲身经历教训　雍正发明秘密建储

雍正宣布将其中一份传位密旨放置于乾清宫的"正大光明"匾之后

胤禛在八月召集诸王及文武大臣，宣布了秘密建储的规定，表示将亲书继位者之名藏于匣内，然后把它放在乾清宫世祖御书之"正大光明"匾后面，同时还会另外书写同样内容的密旨一道，存放于内府之中，以备届时勘对之用。评论家表示，这个方法彻底解决了康熙年间因立储问题所造成的皇帝与储君之间权力的矛盾，以及皇太子骄横不法、诸王植党营私互相斗争、权臣结派二心的诸多弊病。由于胤禛在皇位争夺战中，长时间地隐而不露，暗中对所有的政务运作及人情世故都了如指掌，更深知预立皇储将造成皇帝与太子之间争权的风险。为免重蹈覆辙，其实胤禛在继位之前，应该就有了这项秘密建储的构想。因为这样既不会在临终时因为没有指定继承人，而发生像之前多尔衮（皇太极之弟）与豪格（皇太极长子）混乱斗争的情形，也不会再有朝中大臣过早向皇太子靠拢而威逼皇帝的可能，更免去了中国长期以来因传嫡不传庶、传长不传贤，而导致继位者幼弱愚昏的离谱现象。从此之后，所有具备继承资格的诸皇子都必须随时战战兢兢、努力学习、卖力表现，以争取最大的机会。而皇帝也可以视情况，随时把预立的人选给换掉，这可说是中国有史以来，最周密、最成功的君主传位方式。

在康熙五十五年（一七一六年）于广东等地试办的"摊丁入亩"新税制取得了一定成效之后，经过胤禛与相关单位的研商与讨论，中央政府已经决定于明年起在全国各省陆续实施这项政策。同样以康熙五十年为基准，将各省的人丁税（成年男子人口税）分摊到土地税之中，以减少一般百姓的负担。预计拥有田地在一百亩以上的大地主，每年负担的税额将增加七倍左右，而一般有四五十亩的地主，所增加的税额则只在百分之五以内。这些金额对地主们来说都是可以负担的；但是对于只有十亩以下田地的农民来说，将可减少大约百分之七十的税款；对于自己没有田地的佃农，由于丁税将被分摊到地主那边去而不用再缴，可说是大大地减轻了广大农民的负担。

范围扩大频率增加　雍正醉心密折制度

在康熙晚年创立了密折制度之后，胤禛又于日前发扬光大，下令扩大了准予上奏的官员范围，除地方督抚提镇（地方官员）、京官（中央部门官员）三品以上及科道言官（监察官）等原本就可以具折上奏者外，还纳入了藩臬两司（布政使及按察使，为省级行政及司法及监察长官）、道员知府（地方行政长官）等层级的官员，以加广加深自己的眼线，并达到令督抚大员有所顾忌的效果。同时，雍正还规定科道官员，每天每个人都要上奏一折，每一折中只表述一件事情，就算当天没有事也要上折说明清楚。折内之言，不准先与他人参酌讨论，如有泄密，则同僚可以就此再提出密奏。同时发给皮制的奏匣及锁钥，以便群臣可以将奏折密封奏达。

科道官员每人每天不论有没有事都要上一道密折

年羹尧大军青海平乱　罗卜藏丹津不敌求和

面对年羹尧的大军进击，罗卜藏丹津意欲求和，但雍正仍执意以武力将其彻底解决

为了能迅速平定罗卜藏丹津在青海引起的骚动，中央已于十月命川陕总督年羹尧为抚远大将军，统领满洲、蒙古、绿营大军进剿；并令平逆将军延信，边防大臣，四川、陕西、云南三省的督抚提镇，全都听候年羹尧之调遣；又以岳钟琪为奋威将军，一同参赞军务。年羹尧得令之后，立刻率军从甘州进驻西宁，同时派兵驻守要地防止叛军内犯，又分兵固守巴塘、里塘等地以截断叛军入藏之通道。随后年羹尧请中央敕令靖逆将军屯兵吐鲁番等地，以断绝叛军与准噶尔之联系。在一切就绪之后，年羹尧便正式下令对叛军全面发动攻击。两军一接触，罗卜藏丹津见到自己手下各部陆续溃败，才忽然惊觉自己不是清军的对手，于是便送还之前扣押的兵部侍郎常寿，然后向清廷请罪要求罢兵。不过雍正帝在收到这样的请求后并不买账，反而谕令年羹尧继续以武力平叛，完全不给他喘息的机会。

年度热搜榜

岳钟琪大战喇嘛兵　政府军踏平郭隆寺

由抚远大将军年羹尧所率领的西征大军，今年年初又令奋威将军岳钟琪领着一支三千人的精锐部队，对郭隆寺的武装喇嘛毫不留情地发动猛烈攻击。只是这批喇嘛也不是省油的灯，不但人数破万，还个个凶猛剽悍、武艺高强，使得政府军遭到顽强的抵抗。后来在岳钟琪的指挥下，清军奋勇直击，才终于突破僧兵的防守，岳钟琪随后又乘胜踏平了郭隆寺、石门寺、奇嘉寺等处，并击败了这些地方的武装喇嘛，大大地削弱了罗卜藏丹津的势力。

年羹尧借机敛财 战利品不翼而飞

据记者所得到的消息，之前抚远大将军年羹尧在派兵进剿喇嘛寺院时，竟有借机掠取财物以中饱私囊之事。其中郭隆寺的喇嘛原本已经投诚，但年羹尧却派人先是索银一万两作为贿赂，后来又把价码增加到两万两。而喇嘛们因为不愿交付这笔款项，所以又起兵反叛，结果最后寺破人死，无数的金银财宝也被年羹尧的亲信给没为私有。不过，听说基层卖命的官兵，则只得到一些破烂皮衣作为赏赐。另外，郭隆寺被攻破之时，收缴的数十车金佛、珠宝、皮裘等战利品，也在全数交给年羹尧的私人管家清点收藏之后便从此消失，相信将来更不可能出现在往上呈报的清册之中了。

据闻大量的战利品都被年羹尧给侵吞了，士兵们只分到一些破烂东西作为赏赐

11

八旗子弟生计难 政府甄选教养兵

由于八旗人口近年来日益增多，但子弟却无以为业，而使得生计日渐窘迫，所以清廷已经决定在八旗满洲、蒙古、汉军中，甄选四千八百名教养兵。被选上者，每人发给月俸三两，以学习各项武艺，其中满洲、蒙古教养兵习长枪，汉军教养兵则习藤牌挑刀。如此，一来可以解决八旗生计问题；二来可以在平时不忘战备之训练。

岳钟琪精骑夜驰突袭 罗卜藏丹津兵溃瓦解

罗卜藏丹津在年初遭到挫败之后，被迫退到距离西宁千余里的柴达木河流域。原本抚远大将军年羹尧与诸将商议，要调动两万兵马，分别从四面对叛军发动夹击。但奋威将军岳钟琪却认为青海地区过于辽阔，而叛军目前的数量还在十万以上，若过于分散深入，恐遭敌军各个击破而陷于不利的境地。他建议应该以一支精锐部队，乘敌不备，于春草未生之时直捣敌军巢穴。胤禛在看过两人所提的战略之后，认为岳钟琪的方案可行，便准其领兵进击。二月，岳钟琪率五千骑兵深入大漠，一夜急驰一百六十里，于黎明时直抵敌营。原本还在睡梦之中的叛军，根本没有想到清军会忽然出现，所以完全没有防备，只能在仓皇之中四散溃逃。一阵扫荡之后，几万名叛军全数投降，而罗卜藏丹津则是换成女装，狼狈向北逃往准噶尔投靠策妄阿拉布坦。岳钟琪一路追到桑洛海附近，直到没有路可以前进了才只好折返。这次的行动虽然没能抓到罗卜藏丹津，但却生擒了他的母亲、妹妹，以及一些叛军头目。围剿过程中斩敌八万、投降者数万，掳获的牲畜器械则不计其数，可说是大获全胜。清廷在青海平定之后，已将年羹尧晋升为一等公，岳钟琪升为三等公，并将在明年把西宁卫（军事驻防重镇）改为西宁府（在省、道以下的地方行政区），设置青海办事大臣。

八旗无业授田百亩　井田古制现代复生

清廷日前决定采纳户部侍郎塞德的建议，以内务府的余地及官地，仿照古代设立"井田制"，对八旗中十六岁以上六十岁以下没有产业的满、蒙、汉籍共计一百户，各授田百亩，然后将田地依井字分为九份，周围八份为私田，中间百亩为公田，由各家共同耕种。同时，由官方派造土房四百间，按每户人口分给。而耕种者每人发给银五十两，作为购置种子、耕牛之用。但农业专家认为，此法为上古时期所实施的落后制度，立意虽好，但如果把人心私欲等心理因素也考虑进去的话，只怕成功的可能性不大，不知道政府为何会批准此项计划。

允䄉失职革爵拘禁　康熙诸子人人自危

胤禛的兄弟们最近相继受惩，谁也不知道下一个会不会轮到自己

> 接下来要打哪一颗呢？

多罗敦郡王允䄉（胤禛十弟）在去年年初，被要求护送已病故活佛胡土克图的灵龛返回喀尔喀。但允䄉不知是因为当地荒凉偏远还是怎样，竟假装生病而在中途擅自返回家中，并没有真的前往奉差之地。虽然允䄉大概也知道装病一事应该瞒不了多久，但他没料到的是胤禛知道后竟然会下重手，将其革去王爵，调回京师并永远拘禁。原本在康熙生前就不看好胤禛的众兄弟，虽然在他继位后心里颇不是滋味，但怎么也没想到他居然会真的把自己兄弟给关起来。只是这种恐惧好像有点为时已晚，因为胤禛似乎已经按下连续毁灭的按钮，而目标就指向那些和他不同阵营的兄弟及其党羽。日前，一向被视为与允禩关系良好的贝勒（第三等爵位）苏努，就被以暗中钻营、扰乱国政的罪名革去贝勒爵位并撤去属下佐领，然后连同在京诸子全都发到边远地方去充军。而允䄚（胤禛十二弟）则是继去年年底被以不感激效力为由，从多罗履郡王降为固山贝子之后，今年又因细故疏漏，再被降为镇国公。现在，胤禛的兄弟们可说是人人自危，不知道什么时候灾祸将会降临到自己身上。

13

遏制私派滥征　实施火耗归公

　　由于自明代以来，政府在收取税额的时候，地方官员会先把可能造成钱粮短少的种种原因，诸如熔铸银锭过程中的火耗、粮食被鸟雀老鼠啃食的雀耗及鼠耗，以及押运时所必需的人事成本等，都先加计在百姓头上，使得百姓要缴交的税款，比政府明定的税额要高出许多。而且这中间还有很多是地方官员私自加派、胡乱编织的名目，以作为肥己之用的。大致每两银子的税金会被加上两三钱的火耗，而山东地方的官员最狠，一两银竟然要加收八钱火耗，相当于在本来的税款上又多增收百分之八十，造成百姓生计难以维持而怨声载道。另外，还有各种名目的加派，以及胡乱设定的各种规费，将官府所有的开销、迎送，以及官员吏役私人想要侵吞的款项，全都分摊到了百姓身上。而且用一派十，用百派千，让百姓除政府明文规定的税款外，往往还要多负担好几倍的剥削。为了改变这种乱象，政府已经决定将直省提解的火耗归公，并将这些额外加派由暗取改为明收，把毫无章法的滥收改为定额。而归公后的火耗，一方面作为官吏养廉之用；另一方面则留作地方必要之开支及赔补亏空之用。不过，雍正皇帝也表示，此为一时权宜之计，将来等到亏空补完、府库充裕之时，便将停止实施此税法。

14

【专题报道】养廉银

大清官吏的本俸都不高，但养廉银数额却差别很大

大清官吏的薪俸并不高，一品官员每年的俸银大约为一百八十两白银，而七品知县（地方行政长官）之类的小官，一整年的收入只有四五十两白银。这样的薪资水平对应当今的社会，大官只能算是小康，小官若家眷多一点的，可能连糊口都很勉强。于是各级官员无不想尽各种方法，能从百姓身上搜刮的就尽量搜刮，能从下级官员那里索贿的也放胆开口，以至于吏治越来越败坏，到了康熙晚年可以说根本已经是无官不贪了。为了改革吏治，胤禛接受建议，将原本任由官员胡乱对百姓加派私征的火耗等事项，都给透明化、制度化。依各省不同的情形，在本税之上明定要增收的百分比，然后把这些加征的钱都纳入公库，再从其中提出一部分来补贴给地方官员，让官员们不必再以贪污私派的手段来获取金钱，而这个在原本薪俸之外多给的钱就称为"养廉银"。由于每一省的状况不同，从而导致官员可以拿到的养廉银数额也不尽相同，但大致上为其年薪的十倍到一百倍之多。肥缺省份的总督，如果是加尚书头衔的，一年的养廉银可以达到两万两银子，巡抚则在一万两到一万二千两之间，其余的地方官员则依次递减，知县的话则平均约为一千两。只是这些可都是外派的地方官才有的福利，在中央政府的京官除本俸外可没有什么养廉银。只是如果是高官政要的话，那下级官员以各种名目贿赂进献的，便远远超过此一数额，可能都有数十万两。但一般中低阶京官的生活可就真的是苦哈哈了，许多时候都要靠熟识的人接济，或者靠着替要出钱捐官或捐监贡的同乡具结担保，赚个几十两银子贴补家用。所以这些生活清苦的京官，最盼望的就是可以外调到地方去，最好还是个肥缺。只是僧多粥少，并不是人人都有机会，在京穷苦一生的也大有人在。

雍正从不饮酒？ 密旨揭发真相

对外一直宣称自己非常节俭，又从不饮酒的胤禛，被记者查出事实与其塑造的形象之间其实存在很大的差距。因为在批还给川陕总督年羹尧的奏折中，胤禛就特别交代："宁夏那边出一种羔羊酒，在很久以前有人进贡到宫中，我曾经喝过，觉得很棒，但已经有二十年没有人再进贡此酒了。你去帮我找找，然后送些到宫里来，但不要超过一百瓶，我喝完了再通知你补货就可以了。"朱批的最后还加上了"特密谕"三个字，看来这也真是密旨的好用方便之处。

别误会……这只是果汁……果汁……

弘历二度代父主持大典　三哥弘时明显遭到冷落

今年先帝康熙忌辰祭典时，胤禛并未亲自前往，而是如同去年一样，派了年仅十四岁的四阿哥弘历代替他。而对于这个指派最为失望的人，应该是胤禛的儿子中最年长的三阿哥弘时，因为这个极具指标性的重要任务，竟然一连两次都没有让他代皇帝完成，想必他心里一定很不是滋味。其实，评论家也明白地指出，胤禛在初继位并宣布要秘密建储之时，便已透露了弘时将在新一代的储君竞争中出局的端倪。因为当时弘时已经二十岁，而胤禛却还说因为诸子年纪都很小，所以不打算公开建储，听起来好像是把弘时给遗忘了一般。而确实，弘时自小便不讨父祖辈的欢心，而宫中也一直有传闻说他放纵不法。甚至在康熙五十年玄烨分封诸皇孙时，当时已经十七岁的弘时也没有被列名。还有传闻说，弘时在老爸与叔叔们之前的储君争夺战中，其实是比较同情叔叔允禩的。所以胤禛对于这个吃里爬外的儿子十分不满，也使得父子之间的关系有些紧张。

为什么我没有？

你自己要跑去叔叔家玩的……

雍正对于皇三子弘时倾向允禩的态度感到十分不满

年羹尧居功自傲　跌落为杭州将军

二月二日清晨六时左右，天文迷们期待已久的日月合璧、五星连珠奇象，终于清楚显现。诸王大臣还以此吉兆奏请胤禛升殿受贺，只是后来雍正帝并没有接受这项建议。不过，这个吉兆对有些人来说却可能是噩运的开始。据说，川陕总督年羹尧在为此奏贺的折子中，不但字迹潦草，还将"朝乾夕惕"一语误写成"夕惕朝乾"，而被眼尖的胤禛给揪了出来，结果反而被以自恃己功、显露不敬的罪名给狠狠批评了一顿。不久，他又被以妄举妄参、隐匿灾情的罪名降调为杭州将军，然后由岳钟琪暂代川陕总督一职。据了解，年羹尧由于妹妹是当今皇帝的妃子，自

己又是身拥重兵的封疆大吏，而朝中又有隆科多为党，所以自认为是皇帝面前当红的人，不但在陕西、甘肃、四川广植党羽，把同级官员都视为下属一般，还借着权势做了不少贪赃敛财之事。而最令胤禛无法忍受的是，年羹尧居然不可一世地对将军、督抚擅用所谓的"谕令"，吃饭也和皇帝一样称为"用膳"。进京途中，他还让总督、巡抚等官员对自己行跪接之礼。诸如此等严重侵犯皇权的事，让胤禛决定要给年羹尧一点颜色瞧瞧，让他搞清楚谁才是当家的人，明白自己只不过是一个奴才罢了。

大人，不好啦……听说您的奏折被皇上发现错词了……

那有什么好大惊小怪的，我以前读书时还不是常写错，大不了罚抄十遍嘛……

近来居功自傲的年羹尧被雍正以奏折不敬等罪名给拔权降调了

17

四爷再出手　九弟又中箭

继众兄弟——中箭落马之后，之前接替允禵派驻西宁的允禟，因日前其护卫人员擅行殴打生员（秀才），又被人告发在当地收买人心，结果也难逃被削爵的命运。据记者探知，允禟在前往西宁赴任时，把他一大帮家人及巨额家产都给带了去。他的家人在市街上采买东西时，从来不问价钱，只是任凭卖方开价，然后便全数付清，结果地方人士都争相把东西卖给这个好买家，"九王爷"的名声可说是红遍了西宁，深受大家的爱戴。而这次事件真正的导火线，就是去年允祉被抄家时，于府中被搜出一封允禟所写的信，其中竟有"机会已失，追悔无及"的话。于是允禟被雍正帝以行为悖乱已极为理由，革去固山贝子之衔，并撤其佐领属下。胤禛同时也行文陕西督抚，说日后再有人敢称允禟为九王爷者，一律从重治罪。而胤禛在康熙晚年储位的最大竞争者，也就是其同母胞弟允禵，其不久后也被以在抚远大将军任内任意妄为、苦累兵丁、侵扰地方，以及军需帑银徇情靡费之名，革去多罗郡王之爵，改降为固山贝子。

白虎星陨落　年羹尧丧命　汪景祺受累枭首示众

九月底，钦差内大臣、都统（军事指挥官）拉锡奉命抵达杭州，以迅雷不及掩耳之势，奉谕锁拿杭州将军年羹尧，并直奔其家中查抄所有财产。到了十二月初，这位曾经掌抚远大将军印、加太保（荣誉虚衔）之衔、封公世袭的边关大将，便因功高震主，而从高处重重地摔了下来，被司法单位以九十二款大罪拟处极刑。一开始胤禛还念其青海之功，而一直犹豫是否要留下他的性命，但就在这个关键时刻，竟然发生了有野生老虎闯入年羹尧家中的怪事。虽然最后老虎被官兵围刺而死，但却让胤禛觉得这是个征兆，为免留下这个传说中的白虎星，于是便下令赐其自裁。其子年富也被处以斩首之刑，其余十五岁

年羹尧

以上诸子，则被发遣广西、云贵极边之地充军。清廷在查抄年羹尧家产的同时，也在其旧属幕僚汪景祺所作之《西征随笔》中，发现有称颂年羹尧为"宇宙之第一伟人"，以及"历代名将郭子仪、裴度等人，较之阁下威名，不啻萤光之于日月，勺水之于沧溟。盖自有天地以来，制敌之奇，奏功之速，宁有盛于今日之大将军哉"的字句。结果胤禛便以汪景祺文中多处"作诗讥讪圣祖，大逆不道"的罪名将其斩首，还把他的脑袋高高地悬挂在市场的大道上，不准取下。其妻则发配黑龙江给穷苦披甲人为奴，兄弟、子侄皆革职发宁古塔，亲族则一律革职，并交由原籍地方官管束，不得出境。

年度热搜榜

【雍正四年】公元一七二六年

胤禛的八弟、九弟先后遭到逐出宗室、被迫改为贱名的严重整肃

好，老八改名叫"阿其那"了，老九呢？自己想一个吧。

……

嗯……我可以改成"×教授"吗？如果不行的话就"金刚狼"，再不然就"万磁王"……

你给我认真点……

八爷允禩被削宗室　含泪改名为阿其那

　　胤禛清算兄弟的进度，在今年终于轮到了允禩。胤禛不但先在年初时召集诸王及满汉大臣，当众宣布其罪行，同时革去其宗室的资格，还将其拘禁于宗人府并撤其子孙黄带（宗室资格）。而允禩被逐出宗室的原因，据说是之前所行狂悖诸事在接受审讯时，为了辩驳而对天发下"一家不得善终"的毒誓。结果这句话被胤禛拿来大做文章，认为所谓"一家"的定义极广，整个皇室、祖宗及皇帝本人都可以算是允禩的一家人。而允禩这样说根本就是在诅咒并自绝于祖宗及皇帝，所以才会下令削其宗籍。由于被逐出宗室之后，就不得再沿用之前玄烨所钦赐的宗室名字，所以胤禛便下令要允禩自己想个名字把原来的名字改了。心中充满怨恨与不满的允禩当然极其不愿改动这个跟了他大半辈子的名字，最后在胤禛多次催促之下，允禩只好伤心又负气地将自己改名为"阿其那"（类似牲畜的意思，也有人说是"狗"，但狗的满文音译为"依达浑"，相去甚远），其子弘旺则自行改名为菩萨保（满族中常见的名字）。几天后，被视为允禩党人的允禟，也被削宗籍撤黄带，并被迫改去旧名。但到目前为止，允禟自己取的几个新名字仍未取得皇帝老哥的同意。

【流言追追追】雍正继位之谜

雍正自从继位之后便饱受各项流言的困扰

自雍正帝胤禛继位以来，关于他窜改遗诏、杀父夺嫡的种种说法，便绘声绘色，一直在民间流传不停。记者为了厘清其中的诸多疑点，特别对此做了深入调查，终于追到了这些流言的源头。原来，由于胤禩等兄弟接连被处分下狱，使得他们身边的许多太监、侍卫都被发边充军。于是这些人在充军途中，便挟怨到处向百姓散布一些不实言论，包括胤禛以人参汤毒死康熙，或是胤禛

伙同隆科多窜改遗诏等，使得这些传闻在民间很快流传开来。但其实，皇帝在进膳、进药之前都必须由亲信太监或侍卫先行试食，以免食物有毒。而且在很久以前，玄烨就一直担心有人会毒害他，所以防备早就严格到滴水不漏的地步。再者，玄烨认为北方人体质与人参不合，所以很少用人参，因此没有被人参汤毒死的可能。另外，也有传言说玄烨的遗诏上本来是写着"皇位传十四子胤祯"，但是被篡改成"皇位传于四子胤禛"，而胤禛也因此得以继位。不过事实上，在正式的诏谕中，只要是提及诸阿哥时，都是使用皇四子、皇十四子的写法，并不会只说几子，如果真是如此篡改的话，就会变成"皇位传皇于四子"，如此便文理不通了。再者，传位后的"于"字应是"於"才对，正式的诏书绝不可能写这样的错别字。而且，皇帝下诏，除汉文外同时还有满文，甚至蒙古文的版本，就算汉文可以篡改，但又如何能同时删改满文及蒙古文版本。至于另一个传言，说玄烨在病中降旨召十四阿哥胤祯来京准备继位，但是圣旨被当时的九门提督（军事指挥官）、理藩院尚书，也就是四阿哥胤禛的舅舅隆科多隐而不发。后来一直拖到玄烨死了，隆科多便传旨说依康熙遗诏要把皇位传给四阿哥。但是皇帝降旨下诏一向是由内阁承办，然后经由兵部所管辖的驿站发送，隆科多一非内阁大学士（高级官员），二非兵部尚书，如何有能耐可以将圣旨隐而不发。况且，玄烨下诏由四阿哥继位时，是直接告诉在场的诸多皇子的，其中还包括对皇位极有野心的胤禩，所以断无可能是假造的。不然，背后也有一批人支持的胤禩等兄弟，早就跳出来与胤禛摊牌对抗了。

西南诸土司难以管理
总督鄂尔泰改土归流

由于清廷对于西南等边境之地的管理，是沿袭元、明以来的土司制度。也就是朝廷只对这些边远之地的部落首领，要求纳贡、输赋，以及在必要时履行出兵助征的义务，但对于其境内的统治则不予过问。通常这些被中央政府认可的土司（获清廷认可的边疆民族世袭头领）会得到官方的号纸（任命状），上面会写土司的职衔、世系及袭职年月，如果土司去世则准其子孙依规定世袭。土司对其领区内的百姓有绝对的管辖权。而这些统治者都占有领地内绝大部分的好地，普通百姓耕种的地不是很贫瘠，就是必须依附在领主的土地上。同时，土司们也会以各种名目，随意地收税取捐，令民众苦不堪言，还有土司在处理诉讼案件时，只以贿赂的多寡来判定官司的胜败。

肉松 45

听说吐司要废掉了，你还买……

不是这个啦。

?

吐司 60

波

在鄂尔泰建议下政府决定逐步废除土司制度

种种弊端加上近年来许多土司竟聚集了为数不少的武装兵丁，已经对清廷的统治形成了一定程度的威胁。为此，云贵总督（地方行政长官）鄂尔泰就提出了所谓"改土归流"的方法，建议以计擒威逼的方式，慢慢废掉土司这种落伍的制度，改成与内地一样由中央派遣流官驻守管理。中央在谨慎地评估之后，已批准鄂尔泰的这项计划，准备进行这项重大改革。

二七便为主　贵人守宗山　民人梦神灵　拖累十四爷

据闻，日前负责监视允禵的官兵在巡逻时，抓到一个叫作蔡怀玺的人，自称有神灵在梦中告诉他："二七便为主，贵人守宗山。"意思是说现在被令看守宗山（汤山圣祖陵寝）的十四爷（二七为十四）允禵，日后将要成为皇帝，于是指引他往汤山去投靠十四爷。胤禛在得知此消息之后，认为允禵虽然已被降为固山贝子，又在重重监视下被软禁在汤山看守圣陵，但最近往来的人员却日益复杂，为免其趁机蛊惑人心，有不轨之谋，所以已下令将其撤回京城，与其子一同圈禁于寿皇殿旁。

因被削出宗籍、撤去黄带而被迫改名的允禟，因几次胡乱取的名字胤禛都不满意，所以胤禛便下令让硕诚亲王（第一等爵位）允祉，以及和硕恒亲王允祺替允禟及他的儿子们想名字。自幼就被兄弟们笑胖的允禟，后来终于被改名为"塞思黑"（痴肥而令人讨厌者，也有人说是"猪"的意思，但猪的满文音译是"乌勒坚"，与此并无相关之处）。而其长子则被改名为"复西浑"（下贱的）、二子"佛楚浑"（卑贱的）、三子"乌比雅达"（可恶的）、四子"额依默德"（讨人嫌

的）、五子"海兰"（可惜的）、六子"栋启"（懒惰的）、七子"杜希宪"（糊涂的）、八子"额依浑"（愚蠢的）。原本尊贵无比的皇室宗族，如今竟被更改成这等不堪入耳的名字，着实令人唏嘘不已。允禟的悲惨遭遇还不止于此，在被迫改名后不久，就被下令给圈禁起来了。更惨的是，听说负责圈禁他的官员李绂，为了迎合胤禛之意，还在狱中给予其极不人道的待遇，不但铁索加身，还被关在狭小酷热的牢房之中。看来不久之后，允禟便得蒙阎王召见了。

雍正变成"抄家"皇帝　胤禛困扰无奈解释

最近各界流传说当今皇帝胤禛不仅爱钱成癖，还喜欢抄人家产，甚至封给他一个"抄家皇帝"的称号。胤禛听说这个传言之后，颇为无奈地表示："最近有流言说朕喜欢抄人家产，但其实根本不是这么一回事儿。违法贪渎之人，在法律上原本就设有籍没收家产之规定。朕只是将这些极为贪酷的官员给逮了出来严惩，将这些没收的家产拿来填补政府亏空，或用作其他廉能官员

小张，皇上怎么了……

好像是被取了外号，在那里生闷气呢……

被取外号有什么，你还不是从小就被叫蟑螂！

的奖赏，而对于其性命与妻小，都还网开一面予以保全。"确实，评论家也表示，康熙晚年兴起的战事，以及过多的蠲免减税，让国库由数千万两的库存银，骤减到雍正接手时只剩下的八百万两。加上吏治败坏，各省亏空的情形十分严重，也使得财政问题更加峻峭。所以胤禛在继位之后，便不断提出各种改革措失，如提解耗羡，或以规银捐补，或是籍没贪渎官员的家产。但可能由于手段过于激烈，所以引发了一些蒙受损失者的不满，他们才会四处放话，让"抄家皇帝"这个称号红透半边天，甚至听说连朝鲜的官方报告也都这样记载的呢。

准噶尔用兵在即　军需房秘密成立

据不愿透露身份的政府高层表示，在罗卜藏丹津失败并逃往准噶尔投靠策妄阿拉布坦之后，经清廷多次交涉，策妄阿拉布坦不但没有要交出罗卜藏丹津的打算，态度还趋于强硬，似乎有随时和清廷硬干起来的态势。这些警讯使得胤禛认为不久后，与准噶尔之间一定会兵戎相见，所以有必要现在就开始筹办各项军需。但胤禛又考虑到之前内阁值班官员多有泄密的情形，万一消息走漏，将激化与准噶尔之间的矛盾，于是便下令设立了一个临时性的任务编组。这个被称为"军需房"的组织，由怡亲王允祥（胤禛十三弟）、保和殿大学士张廷玉、文华殿大学士蒋廷锡所组成，专门负责秘密办理对准噶尔用兵的军需事务。

制钱遭私熔牟取暴利　政府禁民间使用铜器

近年来因民间用铜量激增，使得铜钱的价格一路上涨，原本可兑换一千文铜钱的一两白银，现在竟然只能换到八百文左右，严重影响了普通百姓的经济活动。政府在通盘了解后，发现问题的根本在于官铸铜钱是由铜、铅合金灌铸而成，但因其中铜的成分颇高，所以便被一些脑筋动得快的人拿来熔化而取出其中的铜，然后另造铜器贩售以牟取暴利。举例来说，以现在市价一两白银可换到的八百多文铜钱，一经熔铸，制成的铜器一般可以卖到三两银左右的价钱。如果是制造一些像烟袋之类的物品，获利甚至可达十倍。为了解决这个问题，政府已经下令除乐器、军械、天平砝码，以及五斤以下的铜镜外，禁止民间打造所有黄铜器皿。同时也规定，除三品以上的官员准用铜器外，其余人等皆不得使用。并以三年为期限，要求所有黄铜器皿都必须交出，由官府依重量换给应得之价款。三年之后，如有再私藏黄铜器皿者，则一律重治其罪。

常有不法商人将制钱销熔以取得当中的铜来牟取惊人的暴利

23

鄂尔泰军直指长寨 改土归流正式启动

云贵总督鄂尔泰"改土归流"的计划获准之后，便决定以力量强大且不听中央号令的土司作为第一波下手的目标，然后再对守法且军事力量较弱的土司进行安抚，使其能自动提出改流的要求，以免被政府剿灭，同时也能获得更好的实质利益。而鄂尔泰第一个要解决的目标，就是云贵境内势力最强大的长寨部落。目前政府军已经兵分三路出发，准备以强大的军事力量迫使土司们屈服。不过，评论家同时也指出，"改土"虽然可以废除土司的权力，消除土司对当地人民在经济上的剥削，并加强中央政府对地方的领导及管理，但"归流"后设置在这些偏远地方的流官，是否会对当地的百姓有所歧视，或带来更严重的剥削与迫害，都是需要再加以观察的。

政府取缔赌博　纸牌骰子禁售

老板，我要买游戏王卡！

不行，现在所有纸牌和骰子都禁售了。

由于之前已屡申禁令，禁止官员及百姓沉溺于赌博之中，但是赌风却一直未能止息，所以政府再次下令，自即日起严禁所有赌具的制造及买卖，如纸牌、骰子等物品都在禁止之列。如有旗人制造售卖者，一经查获即以光棍例判处绞刑；一般民众制造、贩卖赌具以及赌博者，将处以杖打、流放、充军等刑责；官员涉及赌博者，则立即革职，并永不叙用。

清廷授总理失衡　西藏五噶伦对立

清廷在雍正元年（一七二三年）时把原本驻守在西藏的部队撤回内地，只在察木多留下少量的部队继续驻防，同时也放宽了对西藏地区的控制，让五个噶伦共同执掌西藏的政务。结果这五个噶伦之间因利益冲突，已使得目前西藏的局势再度紧张了起来。据熟悉西藏事务的学者表示，清廷所授权的这五个噶伦其实分成两派，一派是势力较大的前藏贵族阿尔布巴、隆布鼐、扎尔鼐，另一派则是后藏贵族康济鼐、颇罗鼐。而今年清廷不知为何，却谕令让后藏的康济鼐总理西藏事务，而令贵族地位较高、实力较强，又有达赖喇嘛之父支持的前藏阿尔布巴为其副手。这命令一经布达，便立即引起了前藏的贵族们极度的不满，两派之间现在已势同水火，随时有火拼的可能。

查嗣庭出题惹祸 被联想雍正断头

今年奉命担任江西乡试主考官的内阁学士兼礼部侍郎查嗣庭，在主持完考试回京之后，便因出题不当而遭到迅速逮捕。据了解，查嗣庭于今年所出的试题中，第一题是"君子不以言举人，不以人废言"；第二题是"'正'大而天地之情可见矣"；第三题是"其旨远其辞文"；第四题则是"百室盈止妇子宁'止'"。胤禛认为查嗣庭在考题中先有"正"后有

"止"，分明是要人把这两个字联系在一起，完全是在呼应之前被斩首的汪景祺"一止之象"的说法，是要诅咒雍正断头之意。随后在查抄其家产时，又于其日记本中发现许多批评圣祖康熙时政，或将热河偶发的水灾写成"淹死官员八百人，其余不计其数……雨中飞蝗蔽天"等夸大不实之事，极具心怀怨望、讥讽时政之意图，于是将其革职拿问。至于民间传闻说查嗣庭是因为考题"维民所止"有雍正断头之意被捕下狱，已经证实只是讹传。只是不论查嗣庭所出的题目到底是什么，就用这样的理由将人逮捕下狱，也未免过于牵强，过于恐怖了。

中俄双方再议边界 官员泄密露出底牌

在清廷祭出封锁贸易的手段之后，沙俄终于因为承受不住损失，而派出代表团至北京准备就边界问题谈判。为此，清廷也派出了吏部尚书查弼纳、理藩院尚书特古忒等与对方谈判。不过听说，沙俄代表团却仍然使出拖延的手法回避划界的问题，而一直以中国窝藏逃民的不实指控来拖住议事之进行。同时，据可靠的情报，他们还不断地利用各种渠道借机刺探中国的各项情报。他们与法国传教士巴多明勾结，暗中买通了内阁大学士马齐，因而探知了中国大臣们在此事件上的态度及意见。也就是说，清廷谈判的底牌等于完全被对方给摸清楚了，对未来的局势与谈判的进展将有极为不利的影响。

查嗣庭死后仍枭首　浙江省科考竟停办

去年因出考题出得被捕下狱的查嗣庭，在司法单位调查之后，已经确定被判以凌迟之刑。虽然查嗣庭之前已因悲郁病死狱中，但仍被拖出枭首示众，其十五岁以上的儿子也全被斩首，幼子及其兄弟、侄子等则被流放至三千里之外。受到此案牵连的江西官员则全数革职，又因查嗣庭与之前的汪景祺都是浙江人，所以胤禛已决定惩罚性地停止浙江乡试的举行。评论家认为，胤禛此次大动作地以文字狱整肃查嗣庭，其实背后另有政治目的。在去年（一七二六年）吏部尚书隆科多被查出曾收受年羹尧贿赂，而被罢去尚书职务之后，胤禛接下来便似乎有计划地开始找他的麻烦。而查嗣庭当初是隆科多推荐的，为了彻底铲除隆科多的势力，胤禛才会随便找了个理由向查嗣庭开刀。虽然现在隆科多仍被任命为与沙俄谈判的代表，不过其地位其实已经岌岌可危了。

先下手为强
清廷正欲利用西藏　前藏贵族政变夺权

胤禛在获知西藏两派对立的紧张情势之后，决定通过将前藏贵族隆布鼐、扎尔鼐以噶伦原衔解任的方式，让阿尔布巴陷入孤掌难鸣而无以为乱的地步。于是在今年元月，胤禛任命内阁学士僧格及副都统马喇为驻藏大臣，准备赴藏宣布此项谕旨，并协调前后藏贵族间的纠纷。但是在驻藏大臣抵达之前，前藏贵族阿尔布巴等人便已掌握了这项消息，并决定抢在谕旨颁布之前，先设法剪除后藏的康济鼐及颇罗鼐二人，以造成既定事实，到时再迫使清政府承认他们的统治地位，所以便在六月中旬，借口邀众噶伦开会议事，然后在大昭寺中发动武装政变，把康济鼐和其护卫人员给乱刀砍死。随后他又派兵对后藏的另一贵族颇罗鼐发动攻击，目前双方军队仍在僵持之中。

前藏贵族利用开会的借口砍死了前往
与会的后藏贵族康济鼐等人

闽人生活窘迫频抢米　福建获准与南洋交易

福建地区原本就山多地狭，近来又连年歉收，加上政府又有不准出船与南洋交易的海禁，使得当地居民的生活无以为继，以至于接连发生了多次百姓抢米的事件。于是清廷应闽浙总督高其倬所请，同意开放福建与南洋诸国的交易，以便让福建人民可以到商船上当水手以养家糊口，进而安定社会。不过，此项禁令之解除，仅限于福建一省，其他地方仍旧禁止商船出海，与南洋等地进行任何贸易活动。

福建重新开放与南洋的贸易，人民又可以回到船上去工作，不必再因生活无继而去抢米。

皇子身份竟多变
悲情弘时终病逝

在去年年初（一七二六年）允禩、允禟被革去宗籍后一个月，胤禛也下令对自己亲生的三儿子弘时给予同样的惩处，削除其宗室资格，并交由允祹管束抚养。据了解，当时弘时之所以也被除去黄带，是因为受到允禩的牵连。之前弘时便因自觉储君之位无望，而暗地里对老爸多有不满，并时常发表一些同情允禩等人的言论。胤禛得知自己的儿子竟然有这种叛逆的行为，便立即将其逐出宫外，还生气地命他干脆去做允禩之子。而就这样莫名其妙换了一个老爸的弘时，便在去年允禩及其子孙被除去宗籍之后，也因为已经变成他儿子的缘故而被除籍。遭到重大打击的弘时，身体健康自此每况愈下，一直拖到了今年，终于因病去世。

政府出手干预再救贱户
无文契之世仆可获自由

在削除“乐户”“堕民”的贱籍之后，官员又奏称江南的徽州、宁国等府也有称为“伴当”“世仆”等类似的贱户。据了解，这些人的地位也是在普通百姓之下，如果是主家有婚丧等事，伴当世仆之家就必须前往服役当差。其间若稍有不合意之处，随即便会被加以私刑鞭打。这些已经传了好几代的世仆，不但子子孙孙都不许改业搬迁，有时还会被地主随田转卖给其他人，完全没有了人身自由。在查证属实后，胤禛已下令凡是有文契作为依据的奴仆，本身及其子孙仍然必须听其主人之使役。已赎身者，其不在主家出生之子孙，则豁免奴隶身份而成为良民。如果是年代久远，已无文契可考者且不受主家眷养之人，就不被算为世仆，可以恢复自由之身，以免终身卑贱且累及后裔子孙。

小多多，你好厉害哦……

耶！我最喜欢这种快速滑落的刺激感了……哈哈……

曾经权倾一时的隆科多突然遭到雍正清算，行情一夕暴落

暴起暴落 隆科多遭圈禁

雍正立朝以来曾经权倾一时的隆科多，在被解除与沙俄谈判代表的职务之后，日前已被司法单位以大不敬之罪五条、欺罔之罪四条、紊乱朝纲之罪三条、党奸之罪六条、不法之罪七条、贪婪之罪十六条起诉，并拟予斩立决之刑。而胤禛对这个亲舅舅的最后裁定则是免其正法，但仍需于畅春园附近空地造屋三间将其圈禁。评论家认为，胤禛当初可以顺利继位，有很大的原因是在内倚仗当时的九门提督隆科多，而在外倚仗督镇川陕的年羹尧。如今两人先后遭到清算，虽然不至于像外界流传所说的，胤禛是为了掩饰其继位之不合法才急于灭口，但是两人在短短的时间内暴起暴落，却也实在不由得让人联想到兔死狗烹的戏码再一次上演。

清廷为进军准噶尔开始动员

在前藏贵族阿尔布巴叛乱的消息传回清廷之后，雍正皇帝胤禛认为西藏和准噶尔两地息息相关，如果准噶尔安定无事，西藏也不会有所动荡，而一旦西藏问题没有得到妥善解决的话，那么准噶尔也势必会趁机兴兵为乱。于是胤禛便想借着此次整顿西藏的机会，同时做好进军准噶尔的事前准备工作，等到西藏问题一搞定之后，就马上全力平定准噶尔。为了顺利解决深入西藏时所面临的长程运补问题，胤禛已经批准了岳钟琪的建议，准备打造行军时可用来运载辎重粮草、作战时可以在前冲锋陷阵、驻防时则可以充作营盘栅垒的战车。从记者取得的机密资料可以看出，这种新型的战车长五尺、宽二尺，每车配备五名士兵，其中一人负责推车，其他四人在旁防护。预计规模是以五车为一伍、五伍为一乘、四乘为一队、十队为一车骑营，每一营共计五千兵士、一千辆战车。而政府目前也开始调动各省的兵士集中训练，以备驾车开垦之用，同时于各地陆续采购用来运输的数千匹牲畜，全都送交岳钟琪处筹划运用。

整顿历年积欠税款
政府划出时间分界
旧税勾销其余严缴

由于康熙晚年各地应缴的钱粮普遍拖欠严重，造成税收单位极大的混乱与负担。于是胤禛在反复思考之后，决定大刀一挥，以康熙五十年（一七一一年）作为切割点，免除这个时间点以前所欠的全部款项，而严格追缴之后的欠款，同时也以减免部分税额的方式，来奖励那些积极补足欠款的省份。据估计，这条催缴的时间线一划出来，一口气蠲免的数额竟十分惊人（光江南一省免除的税款就相当于政府每年总收入的三分之一），但是却让各省有了可以明确达到的目标，也有了一个较正面且从头开始的机会，不必永远只是在追补欠款，而实际上只是造成更多数字的混乱罢了。

多次谈判最后对俄让步
《布连斯奇条约》划定边界

在经过六个月的谈判之后，清廷与沙俄双方终于在今年四月，除部分边界问题尚未决定外，已就逃人、贸易等问题达成十项协议。但因为之前没有与外国在北京签订条约的先例，所以双方在讨论后，将谈判地点改到边境附近，再继续进行最后部分的划界谈判。当双方于七月在边境地区重启谈判时，虽然清廷代表隆科多坚持要俄国归还所侵占的大片蒙古土地，但俄方代表又开始耍手段，不但收买了蒙古人来刺探情报，还调动了军队向清廷施压，表示俄国在欧洲的战争已经结束，可以把力量集中到东边的边界来，结果又使得谈判陷入了僵局。胤禛为了能早日解决边界问题，决定对俄国做出让步，在召回隆科多后，改由策凌担任首席代表，历经四十八次谈判之后，终于依俄方所提出的划界方案签订了《布连斯奇条约》，在两国中段有争议的国界上，确认自额尔古纳河至沙毕纳依岭之间，以北归俄所有，以南则属于大清国的领地。

禁止民间学习武艺
教授拳术者将被捕

中央政府日前以游手好闲者易聚众生事为由，下令禁止民间教授拳术棍棒，并严令各地方官员查缉。政府发言人表示，今后如再有自称为教师，要教人拳术棍棒者，以及想要拜师学习武艺者，都将被逮捕问罪，以杜绝好勇斗狠之习，革除勾引盗匪之累。

今天公园好空哦……

听说打太极拳的那几群人都被抓了呢……

29

年度热搜榜

佛法大师胤禛开讲　十四居士成为门徒

笃信佛教的胤禛，今年不但召集全国闻名的高僧参加在宫中举行的盛大法会，还亲自向所有与会者演说佛法。这位佛学造诣极为深厚的当今皇帝，还收了十四个人当作自己的门徒。这十四个门徒之中，除五个和尚，以及一个道士外，其他还有"爱月居士"庄亲王允禄（胤禛十六弟）、"自得居士"果亲王允礼（胤禛十七弟）、"长春居士"宝亲王弘历（四阿哥）、"旭日居士"和亲王弘昼（五阿哥）、"如

心居士"平郡王福彭、"坦然居士"大学士鄂尔泰、"澄怀居士"大学士张廷玉、"得意居士"左都御史张照，个个都是当今朝廷被视为皇帝心腹要角的王公贵族或大臣。

——— 签订《恰克图条约》　东正教堂现北京 ———

六月时，清廷与沙俄双方在恰克图签订了关于政治、经济、宗教方面的总条约。这次签订的《恰克图条约》有满文、拉丁文、俄文三种版本，主要内容如下：一、两国以《尼布楚条约》《布连斯奇条约》中之约定为界。二、沙俄商队每三年可至京贸易一次，人数为二百人，并以恰克图为边境贸易的地点。三、允许沙俄在北京馆舍中建立东正教堂，每十年可轮派十人的传教士团一次，名额中允许有六名学生来北京学习满汉文。四、

双方应严拿越境人犯，并押还原属国治罪。熟悉国际情势的专家认为，《恰克图条约》的签订又让沙俄在谈判桌上得到了极大的利益，不但把非法侵占的大片土地划入版图之中，还恢复了两国之间的贸易、开辟了恰克图市场，更获得了在北京建教堂和传教的权利。不过，对大清方面来讲，虽然损失了蒙古地区的大片土地，但应该可以暂时限制对方在蒙古的侵略与扩张行动，预计将有很长的一段时间可以保持稳定。

八字流年果真重要
官宦前程系于命理

中央政府日前将川陕总督岳钟琪辖下的将领做了一番新的人事变动，不过依据的不是长官给他们的考评，而是看他们的八字。据了解，当今皇帝胤禛对于八字流年等命理颇有研究，之前便下令岳钟琪将重要将官的八字查明后奏闻，然后作为用人与调兵遣将的参考。不过这也不是第一次了，其实之前大臣年羹尧、鄂尔泰等都被皇帝要过八字，然后皇帝根据这些命理资料，要专人推算出其年寿健康，或是否适合回京述职。看来想要在朝廷谋求发展，八字不好还真是不行。

李卫当官
缉匪第一

兼管盐政的闽浙总督李卫，一改以往政府只抓在市场贩卖升斗私盐小贩的作风，而设计擒得了横行江南、拥有数百名部下，人称"满洲二姑"的女大盐枭沈氏。不仅如此，李卫甚至连康熙年间的许多陈年旧案都一一侦破，因而得到雍正帝"缉匪第一"的赞赏。同时清廷还命江苏所属七府五州的所有盗案，都交由其审理，而

雍正下令把江苏的盗案都交给李卫审理。

所有将士官吏也都要听其节制。据记者了解，家中资产颇丰的李卫并非科举出身，而是通过出钱捐纳而谋得官位的。捐官出身的李卫虽然不识几个大字，也常闹出些错别字的笑话，但实际上却是聪明过人。听说，他手下的师爷将写好的奏章草稿念给他听时，他每次都能一针见血地指出问题所在，然后再口述让师爷加以修改。而在升堂审案的时候，他更是才思敏捷。或许正因如此，当今皇帝才会不太在意他那种粗鲁又爱得罪人的脾气，反而对他赞赏有加，甚至把他与鄂尔泰、田文镜并列为三大模范生。

后藏颇罗鼐在清军抵达之前便已击败前藏武装叛军部队。

颇罗鼐力压前藏 清政府常设衙门

在去年（一七二七年）前藏噶伦阿尔布巴公然反叛，暗杀后藏噶伦康济鼐，并与颇罗鼐爆发严重的军事冲突之后，胤禛对于该如何处理西藏问题便一直犹疑不决。他一方面想要出兵镇压；另一方面却又担心阿尔布巴会因情势危急而挟持达赖喇嘛逃往准噶尔，让事情更加恶化。不过到了去年年底，事情的发展出现转机，阿尔布巴因为无法战胜颇罗鼐，便想回头求助于清军的力量，请求清廷能发兵入藏，适时地帮他一把。胤禛获报之后，认为机不可失，于是便在今年五月，循着八年前驱逐准噶尔军的相同路线，派遣两路大军，以总计一万多名的兵力进入西藏。只是清军才走到一半，后藏的颇罗鼐部队便已取得胜利，攻下拉萨并生擒了阿尔布巴等人，然后向清廷报告此事，等候大军进入做最后的清理动作。到了八月，清军两路合并进入拉萨，快速清剿了叛军的余党，并将阿尔布巴等人予以诛杀，平定了西藏的乱事。随后胤禛也下令封颇罗鼐为固山贝子，代替已被叛军杀死的康济鼐，总管西藏的所有事务；同时在西藏正式设立驻藏大臣办事衙门，派遣驻藏大臣二人分驻前后藏，以管理日后要常驻西藏的两千兵马，并协助颇罗鼐处理政务。

浙江恢复科考

在总督李卫及王国栋的请求之下，之前因查嗣庭案被停办的浙江科考，因民风已转趋淳朴而获得皇帝开恩，终于解除禁令，恢复举办乡试。此消息一传出，当地的考生可说是全都松了一口气。

曾静列出雍正十大罪状　欲策动岳钟琪反遭逮捕

今年秋天时，有一个叫曾静的湖南秀才，因为听说最近川陕总督岳钟琪两次请求觐见皇帝都未获准许，认为此时正是其君臣不和的大好时机，便令他的门生张熙前往岳钟琪处投书，以岳钟琪为岳飞后代为由想策动其反清。岳钟琪对于这种敏感的事情可是丝毫不敢大意，先假装同意骗出口供之后，立刻将其逮捕并向中央呈报这件事情。曾静被捕后，已坦承是受了清初思想家吕留良所主张

"华夷之辨"的影响，认为满人不应入主中原。他又从胤禛的死敌允禩、允禟底下的太监那里，听到许多当今皇帝以不当手段夺取帝位的传言，所以才写了"谋父、弑兄、屠弟、贪财、好杀、酗酒、淫色、怀疑、诛忠、好谀任佞"十大罪状来攻击雍正。目前这起案件已经进入最后的审判程序，预料将会有多人受到牵连。

曾静师徒列出雍正十大恶并试图以岳飞后代为由来说服岳钟琪反清，但最后仍被逮捕治罪

鸦片害人　清廷查禁

由于在广东、福建的许多洋商近来多以药材的名义，进口一种名为"鸦片"的毒品来贩卖以赚取暴利，使得沿海地方已有许多人染上吸毒恶习，尤其在厦门、台湾一带情况更为严重。据了解，业者会先将进口的鸦片炮制成膏，再拌入烟内做成鸦片烟，然后私设烟馆让人前往消费。一开始这些烟馆可能会免费招待，甚至有些还会附上蜜糖甜品及鲜果点心来吸引客源。

客户们一旦上瘾而无法自拔之后，便要开始花费大量的金钱来买鸦片烟，使得许多人倾家荡产，甚至为了筹钱吸食鸦片而去当盗匪小偷，进而衍生出不少社会问题。而且，染上恶习的人会因吸毒而意志消沉，久了之后身体更是变坏。清廷在收到这样的报告之后，已经下令严禁鸦片，并表示今后如再有贩卖鸦片及开设鸦片馆，或是进口鸦片者，一经查获便将从重治罪。

疍户长久遭排挤　准予上岸禁霸凌

　　清廷日前发布了一道命令，让广东地区一些以船为家、以捕鱼为生的"疍户"，有能力建造房屋或搭棚栖身者，可以在附近的村庄上陆居住，与普通百姓一同编入户籍之中，而且不许势豪土棍以各种理由加以欺凌驱逐。若无能力建屋者，则仍然听其自便在船上居住，不必强令上岸。据记者调查，所谓的疍户其实就是原本居住于广东一带的少数民族，但长久以来一直被广东百姓排挤，视为贱民，不许登岸居住。而疍户们为了自身安全也不敢反抗，只能隐忍着住在小船上，终生没有办法找个安居之所。这些疍户其实与乐户、堕民之类的贱籍不同，他们的身份本来就是良民，也与其他百姓一样要缴纳捕鱼的税金，但却遭到不平等的待遇。清廷这次的命令，为的就是让他们可以免于地方豪强的威胁，不必再过漂荡的生活，能够有一块地开垦耕种，慢慢地融入普通百姓的生活之中。

傅尔丹岳钟琪分领北西两路征准噶尔部军需房正式挂牌

　　由于准噶尔的策妄阿拉布坦在前年（一七二七年）年底去世之后，其子噶尔丹策零又蠢蠢欲动，所以清廷在经过充分的准备，并解决了西藏问题之后，决定要对准噶尔用兵。胤禛下令以领侍卫内大臣（高级官员）傅尔丹为靖边大将军，领兵两万余人为北路军，另以川陕总督岳钟琪为宁远大将军，领兵两万为西路军。预计同时出发的两路军团，将于明年会师进攻伊犁，一举剿灭噶尔丹策零。此外，由于双方已确定交战，所以之前秘密成立的"军需房"也于今年六月在胤禛的谕令之下由临时性的任务编组改成正式

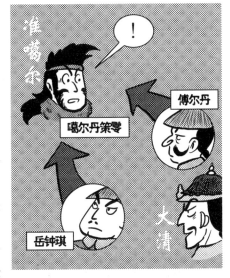

挂牌。只是这个新成立的中央核心部门，既无衙署也无吏员，只设在隆宗门内的一个小木板房中，同样由怡亲王允祥、保和殿大学士张廷玉、文华殿大学士蒋廷锡三人值班，承皇帝谕令办理西、北两路军的所有军需事宜。

《大义觉迷录》刊行　胤禛书中为己强力辩驳

在司法单位的审讯之下，去年唆使门生劝岳钟琪反清的曾静，已在调查过程中迅速认罪，并写下《归仁说》来表示悔过并称颂雍正皇帝。原本各界都以为曾静、张熙师生二人大概会死得很惨，但胤禛竟出人意料地赦免了二人以当作他心胸宽大、以仁治国的范例。胤禛同时还下令收集本案所有相关的上谕、曾、张二人的供词及《归仁说》，然后集结刊刻成《大义觉迷录》一书。胤禛在书中不但强调不应以地域之别作为区别君主好坏的标准，说明清朝统治的合理性，还对曾静指控他的十恶一一提出辩驳，以解释其嗣位之正当性，并驳斥一些对他不利的传言。胤禛

雍正本想发行《大义觉迷录》以自清，但却越描越黑，更启人疑窦

原来宫廷这么黑暗。

朝廷一定在说谎……

是啊，不看都不知道。

这谁爆的料，太精彩了……

没想到雍正这么坏……

怎么会这样……

日前已下令将此书通行颁布到全国各府州县及穷乡僻壤之地，要让全国官士民人，都能够收到他这本书。不过，大众传播学者也指出，胤禛这样的做法不一定能收到预期的效果，说不定会越描越黑，更启人疑窦罢了。

清廷再拨百万两治河

雍正帝日前已经同意闽浙总督李卫所提出的加固高堰的治河策略，答应从国库中拨一百万两白银，令相关人员将淮河部分堤身单薄之处拆掉重砌，修筑成更为坚实的河道堤防，以防止河水再度泛滥成灾。这项工程的施工期预估为三年，将于雍正十年（一七三二年）秋天时完工，届时沿岸百姓的生命财产，将可以获得更有力的保障。

准噶尔闻警示好　两路军主帅缺阵

清军征讨准噶尔的部队出发后不久，噶尔丹策零便探听到了岳钟琪大军进兵的消息。为免遭到正面攻击，噶尔丹策零立刻派人前往岳钟琪大营，说之前投奔他的罗卜藏丹津已被逮捕，并正在押往清廷的路上，但忽然听闻天朝大军进兵前来，所以只好先暂时停止前进。噶尔丹策零希望清廷能暂缓进兵，让他们把罗卜藏丹津解送北京，以表其忠诚之心。于是岳钟琪立刻将此情报火速告知胤禛，但同时也在奏折中表达了对噶尔丹策零的高度怀疑。胤禛在获报后，下令两路大军暂时停止前进，并让北路军统帅靖边大将军

傅尔丹、西路军统帅宁远大将军岳钟琪，于明年五月回京，表示要亲自面授方略；同时也谕令噶尔丹策零前来向清廷奏请封号，并将所有属下都分编成旗。但军事评论家指出，两路大军的行动中止，将给准噶尔部更多的准备机会，恐怕会失去作战的先机，陷清军于不利的境地。而同时召回两路军统帅的举动，也会使得大军的指挥系统陷于混乱，虽然都各有人代理其职责，但万一噶尔丹策零于此时发动突击，军队将失去及时反应的能力。而如果这一切真的发生，恐怕胤禛本身要承担最大的责任。

雍正听闻噶尔丹策零示好的消息之后，已经下令西、北两路大军停止前进，静候进一步的指示

雍正勤批密折 今起加抄副本

胤禛对于密折制度最近有了新的规定，今后凡是经过皇帝朱批的折子，在发还给具折人之前，都要交到军机处（原先之军需房，已于今年改名）去抄录一份副本之后才予发还。每半个月这些录副奏折会整合为一"月折包"存档，以便所有档案都能完整保留。据来自皇宫的内线消息，胤禛每天除上朝处理政务外，退朝后花时间最多的事大概就是批阅从全国各地送来的

批折批上瘾的雍正时常工作到半夜

密折了。这些密折每天少说有二三十本，多的时候有五六十本。与明朝皇帝不同的是，胤禛从不假手他人，每一本密折都是自己细细阅看，然后详细批示，所以工作到半夜是常有的事。有的时候还弄得自己头昏眼花，超过体力负荷。更厉害的是，密折中朱批的文字，虽然也有许多只批"朕知道了"或二三十字的，但有时心血来潮，光是一本折子就批写好几百字，甚至多达几千字，比折子中大臣所写奏本的字还多。虽然胤禛的勤于政事受到广泛好评，不过也有评论家开玩笑说，八成是胤禛不喜欢像康熙帝一样出游，所以就借着密奏来获取情报，以批示来抒发自己的情绪，感觉很像是在用微博或是微信一般。

主帅岳钟琪离营　西路军中途被袭

噶尔丹策零探知清军主帅竟已离营回京之后，立刻逮住这个千载难逢的时机，发兵两万进攻停驻在科舍图的西路军。而在清军方面，由于代理岳钟琪职务的四川提督纪成斌毫无防备，遂让噶尔丹策零的部队乘虚而入，并劫走了大批的驼马牲畜。后来在总兵樊廷、张元佐等人的拼死力战之下，与准噶尔军大战七天七夜，才终于夺回了大部分驼马。雍正帝在得知西路军被袭的消息后大为生气，不但立刻把失职的纪成斌降为副将，为了掩饰自己的指挥调度不当，还把所有的账都算到了岳钟琪头上，对他的态度开始有了一百八十度的转变。

十三爷病逝雍正掉泪　诸兄弟处境胤禛冷漠

　　由于和硕怡亲王允祥因病于五月四日去世，胤禛悲恸万分，为此下令辍朝三日，除亲临祭奠外，也换穿素服一个月，并取消了所有宴会。不久，胤禛又宣布将允祥的名字改回原来康熙钦定的"胤祥"，然后配享太庙。但同为兄弟的允祉所受到的待遇可就与允祥相去甚远了，其反而被胤禛以出席丧礼时迟到，脸上又无悲伤表情的缘故，硬生生地削了爵位并加以禁锢。其实，在胤禛的亲兄弟之中，除了年幼的小弟们不在整肃的清单里面，当年曾经参与争储大战的几个兄弟，可以说没一个有好下场。大哥允禔在第二次废太子之后，就被康熙禁锢起来，到现在胤禛也没有把他放出来的打算。二哥废太子允礽，则是在被圈禁之后已于雍正二年（一七二四年）去世。三哥允祉现在也被削爵囚禁，五弟允祺秉性平和，因没有介入政争之中，所以安然无事，而刚去世不久的七弟允祐也没有参与斗争夺权。八弟允禩、九弟允禟不但都被除去宗室黄带、被迫改成贱名而死在狱中，还被胤禛说成是遭到天谴而冥诛的。十弟允䄉被除去爵位后，现在还在圈禁当中。十二弟允裪因为自幼被苏麻喇姑抚养，没有参与兄弟皇位的争夺而逃过一劫。一向与胤禛关系最好的十三弟允祥则于日前刚去世，而这可能是胤禛唯一为兄弟掉眼泪的一次。至于十四弟允禵，自雍正四年（一七二六年）被圈禁之后，也是到现在都还不见天日。

皇帝惊传病危 诸王紧急入宫

据皇宫传出的惊人消息，当今皇帝胤禛忽然之间得了重病，在御医救治无效之下，情况可说是十分危急。目前，四阿哥弘历、五阿哥弘昼、庄亲王允禄、果亲王允礼，以及大学士、内大臣等数人已紧急应召入宫，据推测极有可能是要宣布传位人选及遗诏。只是现在情况仍未明朗，而皇室方面也不愿对此作出任何回应与评论。

雍正帝尊孔 大成殿完工

在雍正五年（一七二七年）规定八月二十七日为孔子圣诞，并将祭孔典礼的规格提升到几乎与纪念康熙帝诞辰一般的规格后，胤禛于今年曲阜孔庙的大成殿复修完工之后，又下令大成殿中所需要的一切器物全由宫中提供，以彰显其气派之恢宏。据说光是些零零散散的物品，就差不多花了宫中一百多万两白银的经费，可见采用的等级之高。只是胤禛因为大病初愈，身体尚未完全复原，所以未能亲自参与大成殿的落成大典，便特派了五阿哥弘昼代表他前往。不过，也有评论家指出，胤禛如此尊孔，其实有其政治目的。因为儒家一向讲求三纲五常，讲求人不能逾越自己的本分。如果每个人都能奉儒家思想为圭臬的话，那就没有人会犯上作乱，他也就可以更安稳地坐在皇帝宝座之上了。

道士法术高强　求宠反失性命

之前已经传出病危消息的胤禛，靠着惊人的求生意志及医疗团队的紧急救治，终于在鬼门关前刹住了车，硬生生地给救了回来，目前正在宫中静养。在好不容易痊愈之后，胤禛已向一些心腹大臣发出谕旨，要他们推荐一些厉害的医生或道士到宫中。而山东河南总督田文镜在得旨之后，也立刻推荐了当地有名的白云观道士曹士芳入宫。据宫中传出的消息指出，曹士芳真的很神，一面口中"天地鬼神听我使唤"什么的念念有词，一面以手为胤禛按摩，结果还颇有效。甚至为了彰显法力高强，他还拿皇帝示范，一会儿施法让胤禛身体不适，一会儿又念咒让胤禛觉得神清气爽，仿佛天地一切都操纵在他手上一般。原本曹士芳大概想只要展现出自己如此呼风唤雨的本事，定会得到皇帝的赏识与重用，成为国师什么的，就可以享尽荣华富贵了。只是他千算万算，就是没算到胤禛生性猜忌，怎么可能会留下一个可以随时操控自己的健康状况，甚至是生死的人呢？于是这个精通天地之法的道士，在受宠一个月后，便被胤禛给下令处死了。

怎样……贫道的法力够高强的吧……

年度热搜榜

傅尔丹中计大溃败　北路军撤回科布多

在去年（一七三〇年）遭到噶尔丹策零突击而力量大减的西路军，由于胤禛开始对岳钟琪感到不信任，于是指派了石云倬为副将军以便对其监视，又令查郎阿代理其川陕总督之职以筹办军需，使得岳钟琪的行动开始受到牵制与打压。而噶尔丹策零在探得西路军因为牲畜缺乏，又有种种问题之后，研判西路军已经失去主动进击的能力，便集中全力来对付由傅尔丹所率领的北路军。而傅尔丹方面，在由敌军降兵的口中探知准噶尔军的前锋一千多人因驼马羸弱而屯驻在博克托一带休息的情报之后，便决定派出一万名部队轻装前往突击。虽然许多将领都认为这是敌人诱敌的假消息而极力劝阻，但傅尔丹却仍然坚持发兵。

傅尔丹不听部属的劝阻，结果误中敌军埋伏

不久，北路军的四千名前锋部队果然遇到了情报中的准噶尔军，于是立刻发动快攻突击。在经过一日的追捕缠斗之后，战场已经转移到和通绰尔一带，可是这时竟忽然情势逆转，由四周山谷涌出了超过两万名的准噶尔伏兵，向陷入重围的清军发动猛烈的攻击。等傅尔丹获报再派出六千名清军前往支援时，清军的前锋部队早已被歼灭殆尽。这时准噶尔军则乘胜直犯大营，清军不敌溃败，只能逃回科布多。不过，胤禛在听闻此役大败的消息后，对领军无谋的傅尔丹不但未多加责备，只是将他降级，然后由顺承郡王锡保代为靖边大将军，还解下自己的腰带赐给傅尔丹以做慰问之意。如此的奖惩方式，着实令评论家不知如何评论。

禁铁出口　商人政府大斗法　废铁不行改铁锅

由于铁矿自古以来都是用来制造军械以及农耕器物的重要物资，所以依照现行规定，是不准夹带任何的铁器出境或是出口贩卖的。但生意人的脑筋总是比一般人动得快，为了赚钱就专门收集废铁，然后运出边外或海外重新熔化后再卖出，以规避这项禁令。中央政府在得知这个漏洞之后，也即刻立法予以反制，规定今后如再有将废铁运出边境及海洋者，一律依照贩卖硝磺火药之律判刑。只是过不了多久，广东地方的官员又具折奏报说，有许多出海的洋船以购置铁锅的名目，大量买进铁锅于船上存放，极有可能是要钻法律漏洞以将铁器夹带出海。于是中央政府只好又立即下令，让有洋船出海的各个省份严加查缉，禁止船上携带铁锅，违者亦同样依照之前的废铁罚则处理。

你带这么多铁锅干吗？

我们船上讲究精致料理，大厨规定每道菜都要用不同的锅来做料理呢……

雍正爱炼丹药　四处送人为礼

据说山东河南总督田文镜在过七十岁生日时，收到了一份由当今皇帝胤禛差人送来的特别贺礼，结果竟是一剂可以多生子嗣的药方，皇帝在贺词中还希望年已古稀的田文镜可以因此得子。而听宫中内侍说，皇帝在宫中有一批道士替他炼了不少丹药，其中有消暑的、补气的，也有壮阳以及养生的。而田文镜也不是唯一收到这些丹药的人，许多大臣及驻外将军都收到过一些"平安丸""太乙紫金锭"之类的东西，而且都回复说吃了之后精神百倍，神清气爽。不过，大概也没有人敢在收到皇帝御赐的丹药之后，还说什么不能乱服药物，或是吃了没效果之类的话吧。

上次送你的药有效吗？

言不由衷

吃了之后真是神清气爽、精神百倍啊……

这么有效！那再送你一颗。

噶尔丹策零VS喀尔喀策凌　额驸大胜加封亲王

准噶尔部的噶尔丹策零在接连大败清军主力之后，气焰和野心又更加扩张，于是便再次发兵主动出击。只不过，这次轮到喀尔喀部的郡王额驸（皇室女婿）策凌反过来施展诱敌之计，先派出六百名骑兵在夜晚突入敌营挑战，将准噶尔大军诱出，然后再以预先设好的伏兵给予重击。而与此同时，西路军的岳钟琪也取得胤禛的同意，兵分三路进攻乌鲁木齐，在斩杀了不少敌军之后，成功迫使敌人撤离此地。在此役中，额驸策凌因为立下大功被擢升为和硕亲王，授为大札萨克（清廷对蒙古部落的编旗组织）旗主，不再隶属于土谢图汗之下。

策凌额驸"以彼之道，还施彼身"，用伏兵重击准噶尔军队，取得重大胜利

44

年度热搜榜

【雍正十年】公元一七三二年

副将军失职误事　岳钟琪反遭弹劾

在去年因西路军的进逼而撤离乌鲁木齐的准噶尔军，在今年二月，又不死心地派了六千兵士回来袭击西路军的哈密驻地。清军主帅岳钟琪一面立刻派人截击，一面命副将军石云倬领兵切断敌人的退路。结果虽然成功击败了入侵的准噶尔军，但却因为石云倬的行动迟缓未能完成断敌退路的任务，而被敌军给逃了回去，岳钟琪也因此上奏弹劾石云倬失职。但胤禛却出人意料地反过来责备岳钟琪，说他怀犹疑之见而要他痛自省思。不久，又因有人落井下石，参奏他智不能料敌于平时、勇不能歼敌于临事，才会导致玩忽纵贼，结果使得岳钟琪又被削去公爵之衔并召回京师接受调查，宁远大将军一职则由查郎阿代理。

岳钟琪上奏弹劾追敌不力的副将军，却反遭雍正的责备与惩处

45

　　四川建昌地区日前发生强烈地震，各处已经陆续传出房屋坍塌的灾情。据初步估计，全倒的瓦板草房将近两千间之多，而墙壁塌倒的房子也有一千八百多户，同时也造成了一百二十四人被压死的惨剧。

军机处铸印地位日重　内阁渐弱皇权更专制

　　负责在皇帝的直接指示下秘密筹办西、北两路军需的"军需房"，于雍正七年（一七二九年）正式挂牌，并于次年更名为军机处后，在今年三月，胤禛又下令礼部铸造军机印信，用以给所有军机事务及密行事件盖印。而军机处的任务，也从单纯地筹办军需，演化成在皇帝的直接授意下，替皇帝拟写上谕并参与一切政府机要事务的中枢组织。政治评论家表示，

军机处的形成，势必会取代原来内阁的功能及地位，内阁日后将逐渐沦为一个处理一般性文书的空壳机构。同时，由于自明代以来内阁对于政务先行票拟，而提出建议的权力已不复见于军机处，也将使得皇帝可以更加集权，单凭己意专断，不会再有受限于内阁建议，束手束脚的感觉，这无疑将会把皇权的专制化推向前所未有的高峰。

【专题报道】军机处

军机处与其他的政府机关最大的不同点，就在于它并没有衙署，也没有编制任何专职的人员，可以说是一个只有官而没有吏的体制外机构。军机处里面只有两种官员。一种是军机大臣（正式称呼为在其职衔后加上"军机处行走"或"军机大臣上行走"之字样，但新进者会在行走前加上"学习"二字），又被昵称为大军机，由皇帝在亲王、大学士、尚书或侍郎之中，凭他自己的意思指派。虽然军机大臣之间

现在如果不能像咱一样在军机处行走，根本就没有实权呢。

"行走"？真的只要到那里走走就会有权力？

会以较资深者为所谓的"首席"（或称为首枢、首揆或揆席），但其实彼此之间并没有隶属关系，而是各自办理由皇帝交代的机要事务，并单独向皇帝负责。另一种是每个军机大臣下面都有若干位"军机章京"，也称为小军机的官员。他们协助军机大臣办事。这些小军机是从中央政府各部门，挑选才思敏捷的青壮官员，经军机大臣先行考核后推荐，再由皇帝录用。但是不论是军机大臣还是军机章京，都不是一个正式的官衔，也没有固定的品级，他们都是带着原来的官衔被皇帝特派兼任的。军机处在平时要根据皇帝的指示拟写上谕，遇有重要官员出缺，或是科举考试需要任命主考官时，也都要开列名单以供皇帝从中选择任命。除大臣直接呈给皇帝朱批的密折外，军机处必须代皇帝拟写要交由内阁转发各部办理的"明发"（公开性质的行政命令），以及具有机密性质、密封后交兵部由驿站系统发给指定官员的"寄信"（单独对某一官员之告诫责问或指授方略）。军机处办公的地方在内廷的隆宗门内，就在皇帝的身边，且随时都要有大臣在此轮值。其行事非常机密，且所有的行动都由皇帝直接授意，权力都来自皇帝对单项事务的授权，完全避免了权臣凌主的可能，可说是皇帝个人意志的延伸体现。内阁大学士如果没能在军机处行走，就只是空名虚衔，当然对政坛没有任何影响力了。

准噶尔袭夺子女牲畜　策凌额驸复仇大败敌军

诶叫你老爸上次欺负我，把我打得好惨。

放开我……等我爸爸来了，你就完蛋了……

策凌额驸发现子女牲畜被夺后发动复仇之战

破明时自山顶对着敌军大营直冲而下。而当时正在睡梦之中的准噶尔军，在隆隆的马蹄声及喊杀声中被惊醒，完全没有时间披甲上马，只能没命地拔腿奔逃。策凌额驸的复仇大军则继续追杀，一路将血迹带到了鄂尔浑河边，把准噶尔军逼入一个左阻山、右限水的死胡同中，然后利刃猛砍、马蹄狂踏。一时之间尸横满谷、河水染红，准噶尔军被击杀者在万人以上。好不容易撑到了夜色降临之时，噶尔丹策零才趁机突围而出，并将所有的辎重牲畜都堆满了山谷，以阻挡清军的追击。这时领兵一万三千人，驻守在拜达里克城的绥远将军马尔赛，虽已收到策凌额驸及锡保要求紧急出兵以截断敌军退路的要求，但却按兵不动，任凭其副将如何劝说也不改其意。到了第二天，众部将看到慌乱逃亡的敌骑已浑身是伤且不成阵形，

七月，噶尔丹策零亲率大军，由北路倾巢而出，越过阿尔泰山，向内地直扑而来。傅尔丹闻讯后领兵前往截击，双方军队于乌逊珠勒爆发大战，结果清军再次被击溃。于是准噶尔军继续推进，袭击亲王策凌额驸的领地，掠走了其子女及牲畜。当时正领兵在外的策凌额驸得到通报之后，气得对天发誓必报此仇。于是他一面急报靖边大将军顺承郡王锡保，请求派兵夹击敌人，一面亲率两万兵马，连夜绕过小路，越过山脊，在天晓实在是忍不住了，才不待命令纷纷出城追击，再杀敌数千，但噶尔丹策零却早已趁着夜色遁逃而去，清军也失去了尽歼敌军的唯一时机。事后，马尔赛便因贻误军机之罪被斩，傅尔丹则被削去官爵，留营戴罪立功，锡保也因调度失宜被罢去靖边大将军之职。只有策凌额驸，因接连立下两次大功，再被封为超勇亲王、授定边副将军，并从喀尔喀蒙古中分出二十旗给他，成立赛音诺颜部。自此，喀尔喀蒙古也正式分成四大部。

罗汉脚过多乱象丛生 清政府许可携眷赴台

由于之前政府严令禁止到台湾垦荒的人携家带眷，造成了在台湾的居民大多是没有成家的光棍这种怪异现象。而这些睡在罗汉庙中，也被称为"罗汉脚"的人，因为没有家室之累，所以时常铤而走险，成了社会治安上的一颗定时炸弹。为了解决这个问题，清廷终于在今年宣布解禁，让民众可以携带家眷到台湾去开垦。经济学者表示，政府此项政策，将让台湾的劳动力更加充实，也可以在官方出资或民众集资的方式之下，更有效率地开垦大片土地。相信用不了多久，台湾农产品的类别及产量都会大幅增加，这对当地的经济发展将是极大的助力。

没有家眷的光棍造成台湾社会许多的问题

吕留良案判决 株连数目惊人

之前列出雍正十大恶的曾静师徒，现在变成了歌颂皇帝的样板

在《大义觉迷录》刊行了三年之后，曾静、吕留良案终于走完司法程序，在今年年底作出了最后的判决。除了因为害怕而反过来写了《归仁说》歌颂雍正，然后除被当成样板释放的曾静及其弟子张熙外，其他涉案的人，下场可说都是十分悲惨。其中，在案发时早已死去多年的反清思想家吕留良，不但其所有著作都被销毁，他还被开棺戮尸。其子吕葆中及门生严鸿逵亦被戮尸枭示，其他的儿子则被处斩，孙辈则发往宁古塔为奴。连自称为其私塾弟子、曾刊刻或收藏吕氏书籍者也全数遭到株连，死亡人数甚为惊人。

年度热搜榜

大清国 人事令

封皇二十四弟允祕为和硕诚亲王、皇四子弘历为和硕宝亲王、皇五子弘昼为和硕和亲王，晋皇十四弟允禵之子贝勒弘春为多罗泰郡王。

雍正十一年

二月

噶尔丹策零求和 雍正帝同意停战

准噶尔部领袖噶尔丹策零在去年（一七三二年）遭逢大败之后，自知再也没有能力对大清发动攻击，于是便只好派人向清廷请求和议停战。而雍正皇帝胤禛在与诸位大臣商议过之后，也认为目前政府的财政已因战事而损耗过多，再打下去也不见得对自己完全有利，便同意与噶尔丹策零议和。清廷已经计划于明年遣使到准噶尔部商谈议和之条件，同时议定准噶尔与喀尔喀蒙古之边界。但是由于边界的划定又关系到超勇亲王策凌额驸所领牧地的范围，所以在短期之内应该不会有具体的结果出现。

夷虏等字过于敏感 写也不是　不写也不是

为了不惹祸上身，在满人入主中原之后，除非有特殊的政治目的，否则一般文人在刊写文章时，只要是有"胡""虏""夷""狄"等较敏感的字眼，都会留作空白或以同音的另一字取代，以免被无端入罪。但是胤禛觉得所谓的满汉种族名称，就如同各省籍贯一般，没有什么大不了的，况且现在天下一统，哪还有什么分别，所以便在日前传下谕令，宣布今后如果再有作文或刊刻书籍时，将这些字眼以空白或其他字代替者，都将以大不敬治罪。

原本写了会闯祸的"夷""虏"等字，现在空着不写或用其他字代替也同样会出问题

年度热搜榜

政府设置育婴堂收养弃婴 民间爱心捐银田救助生命

由于各地溺死女婴的风气始终不减，许多生灵因此而无辜消亡。为了革除这种现象，同时让一些弃婴有收养之所，胤禛便谕令各省设置育婴堂，以收养被人遗弃的婴儿。其中，湖南地区的大小官员在得旨后便踊跃捐助，于雍正八年（一七三〇年）时就购置了一间民房，以作育婴收养之用。今年湖南巡抚又奏报说，该省的育婴堂除去已被领养的二十八名婴儿外，现在共有一百零九名婴幼儿。还有民妇王氏、高氏等，爱心捐助了不少的银两及田地。目前育婴堂中所有的乳母薪资工食、医疗支出等，都是以这些银田所生的利息供应。

等一下就换我的案子宣判了，不知道结果会怎样。

……

现在的司法根本没个准，你看岳将军没怎样也被判处死刑，你最好有心理准备。

岳钟琪被判斩监候罪由牵强司法不公

之前已被调回京师的大将岳钟琪，在大臣不断劾奏，加上与他素来不和的查郎阿的弹劾之下，终于被下狱囚禁。日前胤禛更作出最后裁示，将岳钟琪判了个斩监候，也就是判决了斩首之刑，但仍继续监押在狱中等候执行命令。法界人士指出，本案对岳钟琪定罪的理由实在是过于牵强，西路军科舍图失利一事，他当时人已被皇帝召回北京议事。而哈密截击不及纵敌逃脱的责任也在副将军石云倬身上，结果弹劾石云倬的岳钟琪反而被责备，最后还因为一些莫须有的罪名被撤职、下狱论死。相较于傅尔丹多次战败仍只受到降级处分，甚至在和通绰尔大败那次居然还获赐御带慰问的情形，这简直是天壤之别，着实难以令人相信司法的公正性。

麒麟三出祥瑞不断！ 雍正治绩更胜康熙？

古人口中只有圣人在世时才会出现的麒麟，今年再度出现，而且这还是从雍正十年（一七三二年）开始，第三次出现。其中有两次在山东，一次在四川，都先后传出了有民家的牛生出麒麟的报道。据记者整理，在康熙一朝极少提及的祥瑞之象，自胤禛继位之后便不断出现，一会儿是天空出现祥云，一会儿又是地方产出一茎多穗的嘉禾，不然就是黄河水忽然变得澄清，或是瑞蚕、瑞芝、甘露、凤鸟等东西全都跑出来了。虽然胤禛一再公开表示说他从来就不信祥瑞之说，对

于有官员奏称嘉禾多穗，他也拆穿那其实只是一种称为"龙爪谷"的新品种。但对于报告祥瑞现象的官员却不见处分或下令禁止，反而还给予奖励。今年，胤禛还下令将地方官的瑞谷奏报编成所谓的《嘉禾图》《瑞谷图》，并亲自为这些作品写了文章。相较于康熙对于呈报的祥瑞都批"朕不必览"而不加理会，人们不禁怀疑，胤禛是否只是嘴巴上说不相信，但心里还是想借着强调这些祥瑞，来让老百姓称颂他的治国功绩。

战事告终　与准噶尔进入会谈阶段

由于清廷与准噶尔之间的战事暂时告一段落，双方目前已经进入了和议会谈的阶段，所以胤禛便下令撤回西、北两路大军，只在必要之处留下部分兵力驻守。与准噶尔之间历时六年的争战，至此正式宣告结束。从评论家的角度来看，对准噶尔的用兵虽然暂时遏制了准噶尔部的野心与东进，但整体来看，其间损兵折将、耗费钱粮，但却没有彻底地解决准噶尔问题，可以说是一次失败的军事行动。而整个过程中胡乱指挥、赏罚不明、用人不当，则是导致此次失败的最主要原因。身为最高统帅、唯一决策者的雍正皇帝胤禛，无疑应该背负起最大的过失责任。

垦地面积持续增长

中央政府经过一连串奖励垦荒的行动之后，在农业的发展上已经看到显著的成效。据户部提供的资料，已开垦田地的面积从康熙六十年（一七二一年）的七百三十五万余亩，增加到现在的八百九十万余亩，在十二年之间已增长了百分之二十一。

允禔终得解脱　于禁所之中去世

被康熙帝拘禁多年的允禔（胤禛长兄）于十一月初逝于禁所，胤禛随后下令按照固山贝子的礼仪规格，为其办理丧事。允禔自康熙四十七年（一七〇八年）因卷入夺嫡之争，被玄烨给下令夺爵圈禁之后，至今已经过了二十六年暗无天日的生活，今天的死去或许于他也算是一种解脱。

年度热搜榜

中央同意拨款
少林寺得以重新修缮

河南嵩山少林寺因年久失修，在地方官员奏闻之后，中央已同意拨款修缮，并将其距寺较远的门头二十五房，都增筑门墙并圈入主寺之中以便管理。重新规划之后的少林寺，整体规模更显庄严，气象为之一新。资料显示，少林寺历史悠长，可追溯至距今已一千多年的北魏孝文帝年间（四七一年至四九九年）。后来因寺内僧侣常习武艺，拳术自成一派，而在武术界颇负盛名。寺内有一块"秦王告少林寺主教碑"，记载着当初少林武僧帮助秦王李世民（唐太宗）讨伐王世充之事。寺的西北三里还有一处面壁庵，据说是达摩祖师面壁九年的地方。

边区人口贩卖严重
政府禁止人口贩卖

鄂尔多斯地区因水草不丰、土地贫乏，百姓生计常有问题，所以一直存在典卖妻儿给边民或延绥镇（陕西境内之军镇）各将领的情形。这件事情经媒体揭露之后，地方官员进行调查，才发现光是最近这两年，被贩卖的人口就多达二千四百余人。于是胤禛便传谕札萨克，若有意愿领回典卖妻女者，政府将赏给原价的金额令其赎回，并严格禁止边民再有买入蒙古人口的情形，此后再经查出将被从重治罪，连同地方官员都将受到惩处。

鄂尔多斯地区的百姓因为生活难以为继，所以贩卖妻儿的情形时有发生

贵州苗民**武装起义** 张照经略**日久无功**

由于西南地区在改土归流政策陆续推行后，苗民土司的势力仍然很大，加上地方官征粮不当，从而引起古州、台拱等地苗民的不满，并进一步引发了武装起义。其实刚开始时参与叛乱的人数并不多，范围也不算大，但由于前往镇压的官兵为了冒功而杀害无辜百姓，更行尽烧杀抢掠之事，因而激起了苗人的拼死反抗，结果导致事态扩大，最后苗民聚众竟达两万多人，并相继打下黄平、余庆等地。胤禛只好紧急从两广、湖广、川、滇等六省调来三万余名兵士，再加上贵州本省的三万多名军兵，以刑部尚书张照为钦差大臣，贵州提督哈元生为扬威将军，率大军前往征剿。只是张照因为素来不懂军事，采取了错误的分兵之策，以致日久无功。目前起义规模可说是日益扩大，几乎到了无法挽回的地步，看来清廷若不能立即采取一些有效的措施，对国家的整体安定势必造成极大的影响。

八月二十二日，前一天身体不适却仍然照常办公的胤禛，在突然之间病情急速恶化。虽然四阿哥和硕宝亲王弘历及五阿哥和硕和亲王弘昼两人一整天都随侍在侧，但到了晚上八点前后，胤禛便已经被御医判定无力回天了。于是庄亲王允禄、果亲王允礼，以及大学士鄂尔泰、张廷玉等人至寝宫前，大学士鄂尔泰、张廷玉捧雍正帝亲笔密旨，命皇四子宝亲王弘历为皇太子，继皇帝位。随后由皇太子传旨，命允禄、允礼、鄂尔泰、张廷玉四人辅政。到了二十三日，雍正皇帝胤禛驾崩，享年五十八岁，由年仅二十四岁的弘历（清高宗）继位，并以明年为"乾隆"元年。

弘历登宝座
乾隆展新政

弘历继位后不久，便做出一些与他父亲生前相反的行为，先是恢复允禩、允禟的宗籍，取消他们"阿其那"与"塞思黑"的贱名并恢复其原名；又下令逮捕之前吕留良案被胤禛当作范例而释放的曾静、张熙，并将二人解送至京凌迟处死；接着又下诏回收并禁毁之前颁行全国的《大义觉迷录》，还把养在宫中专炼丹药的许多道士都给轰了出去。不过弘历也和他老爸一样，玩起了文字避讳的那一套把戏，下令所有章奏文书凡是"胤"字皆写成"允"，"禛"字皆写成"正"，"弘"字则少写最后的一点，"歷"字则将字中的两个"禾"改写成"木"。至于雍正年间的政治核心军机处则

予以裁撤，改设总理事务处，以受命辅政的庄亲王允禄、果亲王允礼、大学士鄂尔泰和张廷玉为总理事务大臣。

吕四娘飞剑取首级？　雍正帝死因再度引起讨论

　　最近地方上开始传说雍正帝其实是被暗杀身亡的，而凶手就是之前因文字狱被戮尸枭首的吕留良孙女吕四娘。传说，当年吕家出事，在孙辈被发遣极边为奴而族人都遭到监禁时，吕四娘就已漏网出逃，并习得一身的好功夫，然后在今年潜入宫中，以飞剑砍下了胤禛的首级。不过记者在查访之下，发现当初负责监禁吕氏一门的人正是办事以严谨著称、擅长侦缉的李卫，而且当时确定没

有任何人脱漏。再者，胤禛所在的离宫圆明园，自雍正二年（一七二四年）开始便设有护军营驻守，昼夜巡逻、戒备森严，绝无任人潜入寝宫之中去砍下皇帝脑袋的可能。医学专家也表示，胤禛确切的死因如果不是心脏或脑出血等心血管急症，便是长期服用道士所炼的丹药而导致的重金属中毒。虽然目前尚无法作出最后的判定，但可以肯定的是，胤禛绝对不会是遭人刺杀而死的。

关于雍正暴毙的真正原因众说纷纭

57

科考又传弊案

今年举行的顺天乡试再度传出舞弊事件，而且据说今年的解元（乡试第一名），其实是许秉智靠着金钱及家族人脉，以重金贿赂主考官顾祖镇及副主考官戴翰买来的。此次榜单公布之后，不但引起考生极度不满，他们还写了一副"顾司空顾人情不顾脸面，戴学士戴关节不戴眼睛"的对联对此加以讽刺。消息传到中央之后，高层下令展开调查才证明了传言果真属实。于是中榜的解元许秉智便被革去举人资格，主考的顾祖镇被免官，戴翰则被杖徙。

> 哇！又是第一名，你一定很用心吧……

> 那当然，每次考试我都花了很多钱……不……不……是都花了很多心思呢……

据闻今年乡试的第一名是靠贿赂主考官而考上的

张照抚苗无力遭撤换　广泗接手进军转形势

张广泗从张照手中接棒之后逆转形势，军事行动大有进展

弘历继位之后，还没有时间喘口气，便要收拾贵州的烂摊子。不过弘历做了一个正确的选择，就是把不懂军事的总理苗疆事务经略大臣张照给革职拿问，另派湖广总督张广泗前往取代其位置。张广泗于年底到达前线之后，便将一万四千余名大军分三路同时合力进剿，目前已逆转形势，连续捣毁义军数寨。同时他还参奏张照办理苗疆事务时，任意糜费军需，以致军用不足，请中央再拨八十万两白银以补充军费。弘历在看到张广泗交出的成绩单后，认为他处理得很好，便同意让户部立即拨补一百万两白银到前线去。军事分析家认为，由于张广泗的战略正确，所以这场战役应该在短时间之内便可以结束。

第二章

乾隆继位　气象一新

（公元一七三六年～一七四六年）

本章大事件

▶ 政府下令停止捐纳

▶ 秘密建储仿雍正
正大光明收密旨

▶ 准噶尔与清边界谈判
历时两个月没有达成
共识

公元一七三六年　　**公元一七三七年**　　**公元一七三八年**　　**公元一七三九年**

▶ 总理事务处关门
军机处再成核心

▶ 整肃之风再起?
皇族多人遭惩

▶ 清准划定疆界
经济可望振兴

▶ 侨民被杀冲击经济?
南洋贸易不受影响

公元一七四〇年　　**公元一七四一年**　　**公元一七四二年**　　**公元一七四三年**

▶ 木兰秋狝再现
乾隆首次行围

▶ 沙俄特派使者至京
通报新女皇继位消息

▶ 庆祝登基十年
普免天下钱粮

公元一七四五年 **公元一七四六年**

▶ 千辛万苦功终成
瞻对土司成焦尸

政府下令停止捐纳

之前由于西、北两路军营对准噶尔用兵，导致国家支出的费用剧增，所以自康熙十三年（一六七四年）起，京师及各省又重新开启了捐纳之例，让百姓可以用捐钱的方式来取得官位或一些福利，以弥补军需款项之不足。现在因为对准噶尔的军事行动已经告一段落，所以中央政府在思考之后，便下令停止捐纳之例，仅留下生童捐监（捐款以取得监生资格）一项，以预备各省有荒年歉收的时候作为赈济之用。

大耍官威私开闸门　竟被乾隆惩一儆百

由于雍正皇帝在执政时期以严苛著称，官员们往往动辄受罚，所以弘历在继位之后，便刻意放宽对官员的要求，这么一来，反而使得各地官员滥权的情况越来越严重。就在弘历也觉得这情形真的有些不像话，正想来个惩一儆百，让那些官员有所警惕时，刚好出现了这么一个不识相的倒霉鬼。三月，江西巡抚常安因母丧在回京途中与家人乘船行经运河山东段的仲家浅闸时，遇春季水浅闸门关闭而无法通行，于是常安的家人便要求管理的人员把闸门打开让他们通过。可是因为明令规定不能开闸，所以闸夫当然不敢违法行事。结果常安的家人竟然把闸夫扭送到闸门管理处，然后当庭谩骂恐吓，把闸官吓得都跑出去躲了起来。最后常安还令家人直接把闸门打开，然后还在临行前把那个尽忠职守的闸夫给痛殴了一顿。常安没想到的是皇帝已经想要找人开刀了，所以在这件事情曝光以后，便立刻遭到革职并被发往北路军营监运粮饷，而闯祸的家人也遭到枷号（将方形木制项圈，套住脖子及双手，强制于监狱外或官府衙门前示众的惩罚）和鞭责的处分。

全国清查僧尼道士　取得度牒才能出家

在礼部的提案之下，中央政府决定着手整顿日益混乱的僧尼及道士。依据新的规定，各省必须先清查现有的僧道人数以及姓名，并造册取具印结，汇齐到部后再发给所谓的"度牒"以作身份识别之用。同时也要求各地方政府，今后每年还要将发出的度牒实数，以及被开除者的资料，都详细造册向礼部呈报。之后如果再有自愿出家的人，也一定要先向政府提出申请，在取得度牒之后才准剃度受戒。如果是妇女的话，则一定要年过四十岁才准出家。如此一来，政府将可以更有效率地掌控全国僧道，避免有人假僧道之名从不法之事，或是有犯罪者伪装成出家人以躲避追缉。

女生要满四十岁才可以出家哦……

啊！那我头不是白剃了。

政府对于僧尼道士的管制越来越严

禁盐捕　废私刑　　人权维护再进一步

大清国日前在人权维护上又做出了一些努力，发布了许多维护人权的政策。这些政策包括下令禁止盐捕扰民，要求官府不得逮捕挑盐贩卖的穷民，只要挑的盐在四十斤以下，不管是否为私盐，一律放行，不准刁难。同时下令所有盐商不准再私自雇用所谓的盐捕及巡盐船只，也不准官府兵丁协助盐商帮捕，以免有人借查禁私盐的名义滋扰良善穷民。另外，由于雍正时期规定地方宗族内若有族人作恶，族中尊长在处罚时若不慎致死可以免抵，使得族权过度膨胀。尤其是江西一带的宗族，常有当族人犯法时竟不到官府控告，而是直接施以浸竹笼或活埋等私刑，然后还勒逼亲属具结的情形。为了遏制这种私刑歪风，高层也已经下令严禁乡民草菅人命，并要求刑部将此旧例删除，以维护百姓的基本人权。

秘密建储仿雍正　正大光明收密旨

相较于康熙时期诸皇子争储所引发的重大危机，弘历在雍正秘密建储的方式之下，可说是很平顺地接了班。所以在七月二日这天，弘历便召集诸王大臣，宣布要仿照此法来预立储君，随后亲书建储密旨，并在诸王大臣的见证之下，由总管太监收藏于乾清宫"正大光明"匾额之后。

毛城铺治河案遭否决　地主欢欣小民却无奈

据闻这次治河工程被否决，是有地主在背后运作

向官员行贿是犯法的，你知道吗？

哟……这只是生日礼金，可不是什么贿赂，还请大人高抬贵手啦。

嗯……那就摆着吧……

由于砀山县毛城铺的黄河河水满溢，造成地方上极大的损害，所以新任的河道总督（高级官员）高斌便上奏，请求重新疏浚康熙年间所修筑的减水坝以疏解水患。但御史夏之芳对此议却持反对意见，他认为一旦开浚毛城铺引河的话，将会危害高家堰的安全，而对淮、扬等地造成更大威胁。乾隆皇帝在看了双方的报告之后，基于安全上的考量，最后否决了高斌所提出的这项水利工程。不过，记者据实地走访，发现夏之芳之所以会提出反对意见，并不是他对当地形势很了解或很懂治河之法，而是受到淮、扬一带地主的鼓动。因为这项工程一旦进行的话，虽然可以把水导向洪泽湖以免除水患，但在挑挖河道的同时，也会占用部分农田，而使得地主们有所损失，所以他们才通过关系，积极阻止案子通过。如今案子被搁置，地主们可都松了一口气，苦的还是那些住在灾区的小老百姓，还得继续忍受水患之苦。

古州免除赋税　安抚苗民

在张广泗回报已擒获数名起义的首脑人物之后，弘历又得到消息，说贵州最近传闻清军在平定古州之后，便会将当地已归化的苗人全给杀了。为了避免苗民因惧生变，乾隆帝特别命张广泗立刻贴出告示晓谕当地百姓以安抚民心，同时宣布免除古州等处新设钱粮税款，永不征收，使苗民既无输粮纳税之烦，又无官吏需索之忧。一般来说，弘历这样的做法，对于稳定贵州情势确实会有很大的帮助。

苗民退入深山　官军合围进逼
贵州起义全部平定　广泗升为云贵总督

在张广泗的大军进剿之下，苗民退入山势险要、气候变化莫测的深山老林之中，企图以地形的优势将政府军阻挡于崇山峻岭之外。结果张广泗棋高一着，他下令调动所有军力一起合围，先堵住了山路的所有出口，然后再逐步缩小包围圈，最后在五月发动总攻击，一口气

张广泗成功压制起义，坐上总督之位

擒获了义军领袖并在对战时砍下了万余名起义军的头颅，获得了决定性的胜利。之后他又乘势续进，终于在十月全面平定苗民起义。据张广泗回报，在参与起义的一千余寨当中，罪行重大的八百三十六寨已被悉数剿毁，义军被斩下首级或耳朵者共计一万七千余人。在俘获的二万五千人中，经审明曾与官兵对抗、烧劫村寨的一万一千余人直接在军营枭首示众，其余的则发赏官兵为奴。此役立功的张广泗，也在随后被授予云贵总督并兼贵州巡抚事。

年度热搜榜

【乾隆二年】公元一七三七年

治水工程大翻案　胡扯官员遭惩处

由于之前毛城铺的治河工程被否决了，所以江南河道总督高斌特意在今年三月入京，亲自向弘历解说为何坚持要进行此项水利工程。乾隆皇帝为了慎重起

见，也召来了诸位大臣一起参与讨论。会议中，高斌针对之前御史夏之芳所提出的疑虑，一一详细地加以辩驳，用实际的数据及翔实的地理关系，强调根本不会对淮、扬一带造成任何危险。而夏之芳因为不懂水利，也未曾亲临现场视察过，所以在整个辩论过程中就只能一直闪烁其词，支支吾吾的。不过这时同样持反对立场的御史甄之璜与钟衡两人，也跳出来说："要是这项工程一开，不但淮、扬百万之众忧虑惶恐，恐怕连直隶地区也将会出现亢旱无雨的现象。"这话一说出，连乾

隆帝也听不下去了，便不屑地说："你们几个书呆子既不懂水利，又不是了解该区地理形势的当地人，可是却一直无来由地反对，竟然连工程进行会让直隶缺雨干旱这种没常识的话都讲了出来，可见一定是受人指使，要不是拿了人家什么好处，就是结党营私。"于是弘历推翻去年的决定，批准了这项水利工程，并将甄之璜、钟衡革职，夏之芳交部察议惩处。高斌在稍后接受记者采访时表示，这项水利工程预计将在一年后完工，届时将可以有效解决当地的水患问题。

嗅到商机！ 金融业炒高钱价　准备大赚一笔

八旗子弟在入关后的处境真是一代不如一代，越来越多的人口，伴随着越来越懒散的习性，不论政府如何救济资助，生活还是持续陷于困顿泥沼之中。去年中央政府才刚借给八旗官兵一年的饷银以支应生活开支，今年不但之前借出去的钱根本收不回来，为了照顾八旗官兵的生活，政府还要无奈地再借出半年的饷银。结果这批帑银尚未领出，市面上听到这个风声，京城的钱价、物价便已经双双上涨。原本可以兑换到一千文钱的一两白银，现在却连八百文也换不到。弘历认为制钱兑换价格高涨，都是由于操控银钱

兑换的钱铺囤积制钱之故。这些金融业者看准了八旗官兵在预借出饷银之后，便会前往钱铺换取制钱，所以便先将钱币暗中囤积起来，造成供应量不足的现象，以刻意抬高兑换率，等到这批帑银释出兑换的时候，便可以从中剥削八旗官兵，以赚取惊人的差额。为了防止这种现象发生，乾隆帝已经下谕要求所有京师钱铺不得囤积制钱，否则一经查获必将严惩。只是财经学者一般认为，如果没有一套可以对金融业者严格检查的配套机制，这项政策所能收到的效果恐怕十分有限。

官用上等白粮减半　江南痛苦指数也减半

自明代以来，皇族及百官俸禄的稻米便与普通百姓所食用的不同，是一种名为"白粮"的江南地区上等稻米。这种品质特优的白粮由于选种及栽种过程都要细心照料，所以成本非常高，造成江南地区极大的负担。不过这种情形在今年之后将获得舒缓，因为政府已于日前宣布除祭祀、宾馆及皇室仍用白粮外，百官的禄米将只保留一半使用白粮，另一半的官禄用米以及赏给太监、兵丁的则全数改用粳米。如此一来，原本江南地区每年要负担的二十二万石白粮上缴额度，就变成了只要上缴十万石即可，其余的部分则改征成本较低的漕粮，大大减轻了人民的负担。

总理事务处关门　军机处再成核心

纳延泰　海望　班第

张廷玉　鄂尔泰　讷亲

乾隆恢复设置军机处，以鄂尔泰等人为军机大臣，将亲王宗室都排除在此一核心之外

原本在雍正帝驾崩之后成立的政府核心组织总理事务处，在皇帝居丧期满之后已经正式裁撤，并于今年十一月底恢复设置军机处，以协助皇帝处理机要政务。依最新公布的人事命令，大学士鄂尔泰、张廷玉、讷亲、尚书海望、侍郎纳延泰、班第等人，已经被任命为办理军机大臣。而值得注意的是，这次的改组弘历已将庄亲王允禄、果亲王允礼给排除在外。政治评论家认为，弘历这样的安排，主要是想把亲王宗室不入军机处变成一项惯例，以架空皇族宗室的参政权，避免再有宗室争权而影响政局安定的情形发生。另外，乾隆帝也因丧期结束，正式册立嫡妃富察氏为皇后，并颁布恩诏赦免十恶及重刑之外的所有罪犯。

年度热搜榜

【乾隆三年】公元一七三八年

直隶地区米价飙涨　免税政策成功抑价

今年春天，因为直隶地区米价昂贵，已经严重到影响民生的地步。政府为了解决此一问题，便下令免除临清、天津，以及通州、张家湾等处的码头米税。结果各地的商人一听到免税，眼睛都亮了起来，大量的粮食便自然都往这些地方集中贩卖。在大批粮食进入市场之后，米价已经逐渐回稳，现在直隶各地的粮食供应都已恢复正常。

准噶尔与清边界谈判　历时两个月没有达成共识

原本已经决定要与大清划界议和的准噶尔汗噶尔丹策零，在得知雍正帝去世的消息之后，便想趁机施压，看看能不能弄到更多的领土。于是在七八月间，与大清使者阿克敦进行的首次边界谈判中，噶尔丹策零便要求将边界划在厄鲁特、喀尔喀两处游牧地的适中之处，并要求清方的边防巡逻哨必须后撤，同时提出"进藏熬茶"（信仰藏传佛教的诸民族到西藏礼佛布施，晋谒达赖、班禅的宗教活动。由于

您回来啦……花了两个月的时间，谈判一定很有成果吧……

啥都没谈成，不过倒是赚了不少加班费……

准噶尔蒙古要进入西藏必须经过青海等地，所以必须取得大清国的同意）的要求。不过这些提议并未被清方接受，虽然之后双方又数度会面，但历时两个月却仍然未能达成共识，最后清使阿克敦回京复命，结束了这一波的谈判。

创造就业机会　解决八旗兵丁生计

全世界最强福利政策

(1) 不定期发给大量财物；

(2) 提供创业贷款（钱可以拿去随便用

　　而且不必还款）；

(3) 卖掉的土地政府再买回来还你；

(4) 提供大量军中职缺以协助就业。

不过只有入籍八旗的人才符合条件……

自大清入关之后，长久以来以领取兵饷为生的八旗兵丁，在人口不断增加而兵额却仍然不变的情况之下，薪水所得已经没有办法喂饱越来越多的家人。而且成年的八旗子弟也因为无事可做，而陷于没有正当收入，只能当啃老族的窘境。虽然中央政府为了解决这个问题，不断赏给八旗兵丁大量财物，或是借给他们饷银去置产谋生，但由于这些八旗兵卒过惯了无所事事的生活，根本不想把借来的银子再拿去置产或是做生意以另谋生路，而是在第一时间便跑到酒家、赌场去把这些钱全都花光。结果当然是生活没有获得改善，甚至连借的钱也还不了，到最后政府没有办法，也只好一再地把所有债务一笔

勾销。不仅如此，政府还把旗民典卖出去的土地，用公款买回来再发还给旗民作为恒产耕种，但效果却仍旧十分不理想。为这个问题伤透脑筋的弘历，最近又想到一个方法，就是干脆再增加军队的名额，让更多的八旗子弟可以有工作及收入。在正规军方面增加了四千余个名额，养育兵（预备兵）则增加了一万余名，也就是同时多了将近一万五千个就业机会。虽然这样的做法还是没有办法照顾到每个在京闲居的五万七千余名八旗壮丁，但这项每年要增加饷银四十余万两、米粮九万余石的政策，确实可以有效改善一部分旗民的生活。

僧道数量惊人　传谕渐次裁减

自乾隆元年（一七三六年）清查全国僧尼道士，并发给度牒作为合法出家的凭证以来，由礼部所发出去的度牒已经超过三十万张。弘历在看到这个数据之后吓了一跳，因为如果以每师只收一徒来计算，那全国僧道合计就超过了六十万人。而出家的人数越多，表示可以从事生产的农民数量就相对越少，将严重影响国家的竞争力。所以听说弘历已于日前以密旨传谕各省督抚大员，要求更严格地审查、渐次裁减各省的僧道人数。

粮食过剩
政府以市价大量采购

今年由于全国风调雨顺，各地农作物全都大丰收，使得民用粮食不但不虞匮乏，有些地方甚至还出现粮食过多，难以销售的情形。清廷在闻讯之后，已经下令地方政府以市价大量采买米粮囤积以平衡米价。如此一来，不但可以解决粮食销售问题，也可在官仓中多积粮食以备不时之需。

今年因为粮食产量过多，粮米几乎卖不出去，政府只好出面以市价大量收购以平衡供需

根据最新消息，在广西与湖南交界处的苗族、瑶族聚集地区，不久之前有人假借明朝时期苗族义军领袖李天保的名义，号召了许多附近的苗民，准备起事反清。据记者表示，叛军目前已经陆续集结了不少反政府人士，并开始组织化地设立了"阁老""将军"等名号，声势有日渐壮大的趋势。如果中央政府不能及时出兵的话，那在乾隆元年（一七三六年）才刚刚平定的贵州苗民起义，可能又要在桂湘地区重新上演，而不知又有多少生灵因此遭殃了。

工部胡乱报支　皇帝眼尖发现

官员舞弊贪赃的手法真是层出不穷，日前乾隆帝就在工部上报的几十件大事当中，眼尖地发现了一笔名目为修理太庙"庆成灯"的三百两银经费。虽然三百两银子在皇帝每天批准的经费中，只不过是不足挂齿的小数目，但弘历却感觉这其中必定有诈。因为就算再没常识的人也知道，光是粘补几盏灯具，怎么可能会要三百两的银子呢？于是弘历便下令追查此案，结

果发现真的是工部官员勾结内务府，在工程款项中进行截留以中饱私囊。因此乾隆帝决定杀一儆百，以改善他继位以来因为过于宽松而产生的吏治败坏问题，便将整个工部衙门的主管尚书及侍郎，全都予以降调或罚俸等处分。

继位以后一向宽仁为治的乾隆，对于那些有潜在威胁的皇族，处理起来亦与雍正一样毫不手软

整肃之风再起？　皇族多人遭惩

当所有人都认为雍正时期那段动不动就整肃亲族的时光已成过眼云烟时，怎么也没有想到一向宽怀的弘历，竟然也对皇族下了重手。今年九月，弘历以"肆行无耻"的含混罪名，将奉差在外的正黄旗满洲都统弘升（胤禛五哥允祺之子）革职锁拿，并押解至京交宗人府处置。宗人府在审理之后回奏，说庄亲王允禄与弘晳（康熙朝废太子允礽嫡子）、弘升、弘昌（胤禛十三弟允祥之子）、弘普（胤禛十六弟允禄之子）、弘晈（胤禛十三弟允祥之子）等人结党营私、往来诡秘，并议请将这些人都分别予以惩处。弘历看到

报告后，也感叹地说："我观察了弘晳很久，发现他自以为是旧日东宫的嫡子，心中充满不平。今年朕生日的时候，他还送了一乘皇帝专用的鹅黄肩舆当作生日贺礼，八成是想说如果朕没有接受的话，那他就可以自己留着过过瘾。"于是针对惩处案作出裁示，允禄仍可保有亲王之衔，但须革去亲王双俸及议政大臣、理藩院尚书、都统等职务。弘升永远圈禁，弘昌革去贝勒之衔，弘普革去贝子之衔，弘晈仍可留王号，但永远住俸，弘晳则革去亲王之衔，仍准于郑家庄居住，但不许出城。

整肃宗室第二弹　弘晳被削宗籍 改名为四十六

抗之意，不轨的意图十分明显。在这些事证被揭发之后，弘历对弘晳的处理态度转趋严格，进一步把圈禁地由原来郑家庄府邸，改成毗邻皇宫的景山果园之内，并削除其宗籍，令其改名为四十六，而巫师安泰则被判处死刑。据记者深入了解，其实在弘晳的父亲允礽被废黜太子之位后，便有传言说皇长孙弘晳颇为贤能，所以允礽依旧有被第三度复立为太子的可能，而弘晳也因而产生了很强的优越感及对皇位的希冀。只是在胤禛继位之后，这一切化成泡影的梦想都只能转换成对雍正、乾隆父子的深仇大恨。由于雍正帝在执政期间，对宗室的反对派成员无不予以严厉制裁，使得弘晳等人不敢显露出丝毫不满的情绪。等到乾隆帝继位之后，为了修正父亲施政的一些错误，而改以较宽容的态度对待之前受到惩处的宗室成员，以便获得满洲贵族的支持与拥护，于是弘晳等人便开始宣泄压抑了多年的不满情绪。据闻，一直觉得皇位本该归他所有的弘晳，甚至不自觉地在弘历面前毫无敬谨之意，因而让弘历感受到一股潜在的威胁，到最后不得不断然处理，以绝后患。

不久前弘晳等人因结党营私、往来诡秘被惩处的事件，在近日又出现了新的发展。同案中因为从事邪术活动而被逮捕侦讯的巫师安泰，在受审的时候又供出新的事证，说弘晳在以前向他询问了一些敏感的问题，包括准噶尔部的叛军有没有打到京师的可能，之后天下是否会太平无事，当今皇上究竟可以活到多少岁，以及弘晳本人在未来是否会发达升腾，等等。另外，特侦组在深入调查后，又发现弘晳竟然在自己的私宅当中仿照国家体制，设立了如同内务府的下属机构、会议、掌仪等部门，把自己弄得就像是皇帝一样，俨然有以己为圣尊，并与当今朝廷相

年度热搜榜

清准划定疆界　经济可望振兴

今年元月时，大清国与蒙古准噶尔部的使者在历经多次会谈之后，终于就边界及贸易问题达成协议。双方除了同意以阿尔泰山为界外，清廷还准许准噶尔部每四年以两百人及一百人为限，分别至京师及肃州进行一次贸易。贸易的期限定为八十天，不过沿途的花费则必须自备。专家表示，此番议和对双方都有极大的好处。对准噶尔汗国来说，可以免除因争战而起的沉重兵役负担，也可以借着贸易来振兴经济。对大清国来说，则是确保了喀尔喀蒙古的安定与经济的发展，同时节省了为数庞大的军事支出，使得蒙古及陕甘等地区的经济得以发展。

苗民起义声势强　官军推诿无共识

广西、湖南一带的苗民起义愈演愈烈，虽然之前政府军设计诱擒了叛军的数名领袖，但随后又硬是被苗民将人抢回。据当地特派记者回报，由于绥宁、城步两县的人民，不论苗族、瑶族，还是汉族，都纷纷投入反抗军的行列之中，目前义军的规模可说是已经遍及两省的边境之地。在官军方面，由于两广总督马尔泰对于此事推诿敷衍，湖南那边则是湖广总督班第主张安抚，而湖南巡抚冯光裕主张以武力进剿，二人意见至今未能统一，无法对叛军及时进行有效压制，所以使得事态一发不可收拾。

拯救满洲文化　东北封锁趋严

盛京为满洲之根本，而近年来却由于大量的汉人前往开垦，使得满人的传统习俗被逐渐淡忘。弘历虽然想好好地解决这个问题，恢复满洲的固有文化，但因为人数众多的汉人已居此年久并立有产业，所以也不便予以驱逐。于是弘历只好下令，从现在起禁止汉人出山海关，严格审查出入人员，也严禁船只携载多人由海路进入，同时严查东北的保甲制度，将空闲土地发给旗人开垦耕作，并严禁在此龙兴之地开采各种矿产，再以重刑来惩治那些偷挖人参者。所有实行这些措施的目的，都是使当地的汉人逐渐减少，而使满人可以各得本业，进一步恢复满洲旧习。

张广泗再出马　苗民起义被平定

　　为了能够尽快剿灭广西、湖南一带的苗民起义，中央政府于年中的时候命两广总督马尔泰速赴桂林，与湖南巡抚、提督协同进剿。虽然八月时马尔泰便上折奏称已经兵分三路进兵，并荡平了数座苗寨，只要再与湖南部队会合围剿，便可大功告成。不过弘历还是对马尔泰的能力不太放心，不太相信他可以搞得定，所以便又命之前已有经验的张广泗为钦差大臣，接管军事行动的总指挥权，令湖南、广东的所有部队，自提督、总兵以下均受其节制。张广泗在抵达前线之后，立即分路遣兵搜剿，先行消灭湖南地区的起义军，接下来又组织了几波成功的攻势，终于在十一月初不负所托，完全平定了苗疆的起义。根据张广泗所回报的资料，三省总计拿获反抗军九千余人，另外在深山饿毙、被枪炮击死以及畏罪自尽的义军则超过一万五千名。不过，由于参与起义的人数过多，在经过政府军的此番剿杀之后，当地现存的人口总数竟然只剩下不到原来的百分之四十，情况可以说是非常凄凉悲惨。

年度热搜榜

木兰秋狝再现 乾隆首次行围

大清入关之后，原本剽悍无比的八旗劲旅，逐渐丧失了战斗力。早在康熙年间平定三藩时，清廷便已发现了这个问题，所以只好以汉人的绿营军作为主力平乱。到了雍正时期用军西北的时候，竟然还传出八旗放牧部队被准噶尔军抢劫，然后弃军奔逃，去向汉人的绿营将领求援的丢脸事。时至今日，八旗入关已近百年，不但训练松散，许多八旗兵还一整天混在戏班子里学唱戏，连规定每个月要进行六次的骑射训练，都是随便射个几箭就草草了事，甚至有的部队根本就没有实施，整体战力真是弱得不行。所以在苗族起义已告平定，与准噶尔部之间的争端也都已平息的今日，弘历便决定恢复雍正时期连一次也没举行过的木兰秋狝活动，以狩猎行围来达到军事训练的目的。预计于七月举办的行围，是弘历继位以来的第一次狩猎活动，将动员六千余名随围官兵，一万余匹马，以及七百余只骆驼，而蒙古各部也将前来参与此一盛会。

老瓜贼党横行 政府下令严缉

自从康熙后期开始，直隶、山东、河南等地区，便存在一种被当地人称为"老瓜贼"的犯罪团体危害地方。这些人数有时会多达一二十人的老瓜贼集团，在平日里游走各地，通常都会假扮成旅人、乞丐或杂技人员等来掩饰身份，然后再伺机结伙行抢，甚至杀人害命。据了解，这些匪徒通常都是在春天的时候出没各境，然后在秋天时便销声匿迹，长久以来一直是地方上极大的困扰。而中央政府在得知此种状况之后，已下令三省的官员，务必严加缉拿以维护地方治安。

你这瓜党！

我是麦叔叔啊。

经过伪装的老瓜党人四处横行

九卿致奠丧礼风光　意外引发政坛风暴

在北京城中办丧事原本没什么稀奇，可是丧事要办得几乎所有部长级官员都登门吊唁的话，那可想而知这个往生者的来头必定不小。不过，日前京师这一件让九卿都前往致奠的丧礼，躺在棺材里的并不是什么了不起的大人物，他既非政坛要员，也非黑道老大，而只是一个普通的工部凿匠。难道是因为他生前做了什么轰轰烈烈的大事，或是留下什么感人肺腑的义行吗？其实都不是，原来是因为这个名叫俞君弼的凿匠家中十分富有，在他死后留下了为数不少的遗产。而他的儿子又过世得早，所以在他病故后，其义女婿许秉义便企图和其长孙俞长庚争夺遗产。为了展现自己的影响力，以便能在处理遗产时取得主导地位，许秉义便以主持丧事之名，嘱咐同宗的内阁学士许王猷，要他通过关系遍邀九卿前往吊唁。而另一边的俞长庚当然也不甘示弱，立即动用了关系，托人向兼任九门提督的兵部尚书鄂善行贿，以便在此番遗产争夺战中能够占据有利的地位。结果一个丧礼搞得满城风雨，连御史仲永檀也听闻了此事，但因手上没有确切的实证，所以便以风闻言事参劾了步军统领

对不起，路上堵了五个小时，公祭结束了吗？

还没呢……今天来了太多大官，还得再等一阵子哦……

鄂善、大学士张廷玉、徐本、赵国麟等多人，向皇帝密奏说鄂善受贿一万两白银，礼部侍郎吴家骐收谢仪五百两，还说大学士张廷玉差人送帖，徐本、赵国麟亲往吊唁，詹事（侍从官）陈浩不但陪吊还在其中奔走数日。由于此案牵扯党派之间的相互倾轧，所以已经引起弘历的高度重视。目前已令怡亲王弘晓（胤禛十三弟允祥之子），和亲王弘昼（弘历五弟），大学士鄂尔泰、张廷玉、徐本，尚书讷亲，来保等人秉公审查，并将百姓许秉义论罪，许王猷则遭到革职处分。

丧礼受贿案后续发展　一品官受贿千两自尽

承认吧，朕从宽处理。

好吧！我承认……

嗯……那就从死刑减为自尽，够宽大了吧。

！

对于御史仲永檀之前所参劾的案子，由于并没有提出什么确切的证据，一切都只是听闻而得，所以原本弘历还觉得可能只是仲永檀想趁机诬陷他人而已。但是，随着案情的发展，当弘历在亲自审问兵部尚书鄂善，要求其坦白便从宽处理之后，令人错愕的实情就这样浮了上来。鄂善怕被重惩，在听了乾隆皇帝坦白从宽的诱导之词后，竟然就真的承认自己收受了一千两白银的贿款。这样一来可不得了，堂堂一品尚书收受贿赂，这对大清政府来说真是一件天大的丑闻。于是气得七窍生烟的乾隆皇帝便对鄂善撂下狠话说："你犯这种罪本来是一定要判处绞刑的，今天念你为大臣，朕不忍心将你公开行刑。只是不知道你还有何面目可以在人世间存活！你就自己看着办吧。"这时鄂善才发现事情真的闹大了，这分明是要他自尽，哪里是之前所说的坦白从宽，于是便又急忙改口说自己没有受贿，看这样能不能有一丝活命的机会。不过这样反反复复的说辞反倒进一步把皇帝给惹怒了，弘历便直接下令要他在家中自尽，也使鄂善成为大清国开国以来，首位被处死的一品大员。而同涉此案的吴家骐、陈浩则被革职，揭发此案的仲永檀则被晋升为金都御史。只是此案中亦被仲永檀风闻参劾的大学士赵国麟，因为自己无故被参，所以对没有证据便乱咬人的仲永檀竟能得到升迁非常不满，于是便向皇帝奏请退休。弘历知道他受了委屈，便对他加以安慰并要他照旧供职，只是赵国麟仍然咽不下这口气，又连续向皇帝发了一堆牢骚。就在这个时候，有人参劾赵国麟说他把皇帝面询之事泄露了出去，于是已经被弄得有点不耐烦的弘历便叫大学士鄂尔泰、张廷玉等人去叫赵国麟为此自行引退。但话传下去之后，原本吵着要退休的赵国麟却又一直没有求退之意，乾隆帝便索性传谕将其降二级调用并留京候补，结束了这场因仲永檀告发鄂善而引发的政治风波。

年度热搜榜

【乾隆七年】公元一七四二年

侨民被杀冲击经济？　南洋贸易不受影响

因乾隆五年（一七四〇年）时巴达维亚爆发了荷兰殖民当局屠杀一万多名华侨的事件，所以代理闽浙总督的策楞便依此上奏，请求清廷下令禁止南洋诸国的贸易活动。不过，这份折上到中央之后，御史李清芳对此却有不同看法。他认为这件事情与其他国家无关，若要禁的话也应该只禁止噶喇吧国的买卖即可。之后两广总督庆复也上奏说："光是广东一地靠着外来洋船谋生的人数就高达数十万，一旦禁止南洋各国贸易的话，那这些人的生计恐怕会立即出状况。而

考量到经济发展等各项复杂的因素，中央政府已经决定不会因为殖民当局的屠杀事件而中断与荷兰之间的经贸合作关系

且南洋诸国的米价相对便宜，每年进口的米粮对于民生供应也有不小的帮助。那些被屠杀的华侨，都是些违旨不听召回、甘心久住的人，本来就该被正法，此次遇害可说是咎由自取。更何况当地肇事官员已被荷兰国王深切责备，所以也不必再禁噶喇吧之买卖。"而两江总督德沛，也对于禁止南洋及噶喇吧之贸易持反对的立场，于是弘历便召集诸王

大臣共商此事。分析家指出，依照目前所释放出的各种讯息推测，政府的态度应该是倾向于照旧准许南洋通商贸易，所有经贸关系并不会因为红溪事件而停止。不过对于出海贸易的期限，则会作出更详细的规定，可能会将内地贸易时限定为两年，外洋贸易定为三年，如果超过时限才回来的，便不准船上人员再行出洋。

皇室公布新选秀办法　豆蔻少女被选入后宫

皇上就快来选秀了，你怎么穿成这样？

年龄太小了吧！

比我妹妹还要小两岁。

我以为皇上召见学生代表呢！

日前各大新闻媒体又因为皇室公布了新的选秀办法而引发了一股骚动，不过这个选秀可不是一般的选美活动，而是宫中挑选"秀女"的活动。依据最新规定，每三年所有八旗官员家中，凡是年满十三岁，直至十七岁的少女，除身体有残疾或面貌过于丑陋者外，都必须造具清册，向上呈报到户部，以准备参加皇宫所举行的选秀活动。在甄选活动进行的当天，所有参选者都要先乘车（车资每人补助一两白银，由户部支出）到京城神武门外，然后再由太监们依名册引领至贞顺门前列队排好。由于参选人数众多，所以每天大概只会安排两个旗的人参加。被唱到名的参选者，要按照事先就安排好的顺序，数个人一列，依次进入指定的地点供皇帝或皇太后选阅。如果有被看中的就留下名牌，也就是一般所称的"留牌子"，没有选中的就"撂牌子"。之后会从初选合格者中，再择期进行复选，而落选者在返家之后便可以自行婚嫁，不受限制。要是复选又被选中的话，除一部分随侍皇帝，成为后妃的候选人，以及一部分指定婚配给皇子、皇孙或诸王及其子弟外，大部分的都会成为后宫妃嫔的侍女。不过由于参选者众多，而后宫妃嫔的名额极少，所以竞争可谓是非常激烈。而选秀的标准除美貌外，品行及门第也是关键的两项指标。在一轮又一轮严格的考选和竞争之后，只有极为少数的幸运儿可以住进金碧辉煌的宫殿之中。在成为后宫的一分子之后，能获得皇帝的宠爱并在妃嫔的钩心斗角之下存活，从此过着幸福快乐日子的，就更是少之又少了。选秀，真是一条不归路呢。

数百万人水患成灾
政府急拨粮食救济

今年七八月间，黄河、淮河同时水位高涨，使得江苏、安徽洪水成灾，受灾人数高达数百万人。为此政府破纪录地发出二百四十万石粮食，以作为赈灾及平价卖出之用。不过幸好乾隆帝自继位以来，便一直强调积谷不厌其多，在承平时期大量购入粮食储放，所以官仓之中米粮存量丰富，才足以支应此次的赈灾行动。同时，皇帝也特别要求地方官员，务必彻查前来买粮的究竟是饥民还是想趁机低价买进高价卖出的不法奸商。弘历在受访时表示，如果是饥民的话大概都是拿零星碎银前来少量购买，奸商则是使用大锭整银大批买进。所以两者之间应该不难区分，只要官员肯实心办事，就可以解决此一问题，但要是有官员疏漏或隐匿者，被查出一定从严查办。

入侵？求援？
英舰百夫长号
驶入中国海域

去年（一七四一年）初冬之时，一艘名为"百夫长"号的英国籍战舰，在中国海域遇到一艘西班牙商船，因为此时英、西两国正处于战争状态，所以百夫长号的海军司令安逊便下令将西班牙商船扣住。但后来因遇到大风而使得船体受损，于是百夫长号便驶入澳门（自明代起借给葡萄牙当作商业据点）请求大清救援。原本两广总督策楞准备派兵弹压这艘来意不明的英籍战船，但因广东布政使主张和平解决，所以在派人与其接触后，确认了其来意，英人也同意将俘虏的近三百名西班牙人交给大清处理。虽然随后策楞也接见了英国海军司令安逊，但并未同意其提出减免规费的要求。之后，英籍战船在修复后驶离虎门，那些被抓的西班牙人也被大清释放，并准备返回菲律宾，成功地避免了一场国际意外冲突。

年度热搜榜

【乾隆八年】公元一七四三年

整治江南水患
再拨二百万两

大学士陈世倌奉命驰驿前往江南，会同河道总督高斌与江南各督抚等官员，一同勘查当地长期水患的原因。在实地勘查及讨论之后，陈世倌提出了一套解决方案，计划将毛城铺坝门的水底填高，并在洪泽湖天然南北二坝处添建滚水石坝，同时也在高邮三坝及昭关坝之下再分别加筑数座石闸，另外还要进行一百四十余处的疏浚河道及开挖水沟工程。虽然整个计划预计将动用超过二百万两白银的预算，但由于此项整治计划关系着江南百姓的生命及财产安全，所以已经由乾隆帝核准后准备实施。

烟草排挤粮食作物
政府下令限定栽种

由于吸烟人口日益增多，使得烟草成为热门的新兴作物，而出现了粮食作物种植面积减少的现象。因此，江西巡抚陈宏谋便具折上奏，认为直隶、山东、江西、湖广、福建等省份，许多农民都把原本拿来种稻麦的肥田沃土，改成种植经济效益较高的烟草，以至于粮食收成有逐渐减少的趋势，为免这种排挤效应更加严重，所以建议下令除城内及近城之畸零地外，其余田地都不得种烟草。中央政府在评估之后也觉得可行，便批准了此项建议。

由于抽烟人口越来越多，许多农民都舍粮食作物而改种烟草

沙俄特派使者至京　通报新女皇继位消息

不久前，沙俄派出的使者抵达北京，向清廷通报新的女皇伊丽莎白·彼得罗芙娜已于前年（一七四一年）登基的消息。不过据说乾隆皇帝因为他登基时沙俄方面并未派员来贺，所以也没有派遣使者前往祝贺的打算，只准备了一些礼物送给俄国女皇，不过这些礼物也被沙俄特使给拒绝了。在俄使离京时，理藩院将两封致俄国枢密院的公函托俄使带回。信函中对新女皇希望维护各项条约及双方友好关系一事表示赞赏，同时也表示大清皇帝也不会无故破坏双方关系。不过在信函最后，也提醒俄方必须遵守《恰克图条约》之中的相关条款。据了解，沙俄近年来国内政局动荡，伊丽莎白·彼得罗芙娜就是靠着发动宫廷政变，推翻了前任沙皇伊凡六世而得到皇位的。而当时只有一两岁的伊凡六世，也是靠着母亲安娜发动政变而成为沙皇的。国际专家表示，伊丽莎白·彼得罗芙娜继位后，将有助于沙俄政局的稳定，也有助于维持中俄两国间的平衡关系。

乾隆首次东巡谒陵

七月，弘历进行了继位后的首次东巡行程，浩浩荡荡地前往盛京谒陵。据政府发言人所公布的资料，此次东巡光是先遣人员就有侍卫一百五十余名，亲军护卫六百余名，其他大小官吏及办事人员加起来有两千余名，动员的车辆则将近八百辆。而御驾的随行人员有五六千人，征调了六千匹马，高价雇用了七八百辆大车。而在谒陵礼完成之后，光是盛京地区因动员有功获得赏赐的人数就高达二万八千人。不过，对于整个行程的整体花费倒是没有公布，只怕是无法估计吧。

耶稣会传教士郎世宁虽然因清廷禁令而无法传教，但其宫廷画师的身份却十分受皇室的赞赏

郎世宁最新画作 十骏图栩栩如生

因喀尔喀、科尔沁等部的蒙古王公不久之前进贡了十匹骏马，一向爱马的弘历为此十分高兴，便分别替它们取了"奔霄骢""赤花鹰""雪点雕""霹雳骧""籋云驶""万吉骦""阚虎骝""狮子玉""自在骢""英骥子"等响亮的名字，然后让西洋画家郎世宁以工笔重彩分别画了十幅与真马大小相当的图。据闻《十骏图》完成后深得弘历喜爱，他不但立刻让人拿到懋勤殿让翰林们（职掌修史编书、文辞翰墨、皇室侍讲的核心官员）评定等次，还特制了黑红漆画金龙箱收存。

澳门洋人行凶 香山知县会同葡方审理

由于澳门日前发生了一起洋人行凶，意外将在澳门的华人给杀死的案件，而引发了两广督抚与澳门葡萄牙当局对于如何处置犯人的一连串交涉。由于葡萄牙方面认为打从以前开始，每次洋人犯罪都是在澳门当地处置，所以不愿意将凶犯交给中国官方，所以两广总督策楞只好让香山知县前往澳门，会同葡方共同审查。最后在罪证确凿之下，由葡方将凶犯绞杀，并让香山知县验尸无误后结案。在这个事件之后，两广总督也奏准将此处理方式作为定例，以后凡是澳门地区的洋人犯罪，澳门葡萄牙当局都不必将罪犯交出，但是亦不可单独处置，必须由香山知县会同审理。如果杀死华人的话，则必须照例抵命。

年度热搜榜

说得好听　玩得尽兴
地方官员不得逢迎钦差
讷亲高调奢华视察江南

不久前，大学士讷亲被乾隆皇帝指派为钦差大臣，以阅视营伍及河工、海塘的名义，前往江南等地视察。虽然弘历已在事先传谕所经路线的各省督抚，要所有官员不得揣摩逢迎钦差大臣。但根据记者的实地了解，讷亲不但没有像皇帝所说的禁止所有迎送，反而沿路享受了高规格的接待。凡是钦差大人游宴所至之处，动辄百里尽是秀丽地衣、彩棚香灯。地方官员还从各地广罗珍玩，自街衢陈列至馆舍，而这些价值不菲的东西在讷亲离开时，他的手下也不客气地全都打包顺便带走。吃的东西更为夸张，为了准备每餐多达百余道的山珍海味，所宰杀的牲禽动辄数以千计，可说是耗费无数。听说还有当地的老人在看了讷亲这种大排场的奢华行径之后，感叹道："一个人在生所能享有的福分是有限的，如果我到时侥幸未死，倒想看看这位大人的结局是怎样的？"另外，虽然乾隆帝否认了讷亲此行是为皇帝南巡做准备的传言，但从讷亲经直隶、河南、江南、浙江，再转由山东、

钦差大人，由于禁奢令的关系，请恕我们招待不周。

是啊……简单就好。

所以我们只准备了宾利加长型礼车、五星级总统套房、极品鱼翅鲍鱼虾特餐……

很好，这样很朴实。

直隶返京的巡察路线，以及督抚们迎送的规模来看，皇帝的首次南巡大概已经势在必行。虽然乾隆帝想极力撇清讷亲此行与南巡的关联，但人们普遍还是认为讷亲这次最主要的任务铁定是在为皇帝探勘路线，近几年内乾隆必将圣驾南巡。

依最新公布的考场规则，考生如果舞弊被抓到的话，连父亲及老师都要受到连带处罚

防止考试夹带小抄　双重检查罪及父师

　　自古以来，每次科举考试的时候，都免不了会有考生存着侥幸心理，试图以作弊的方式来考取功名，而且是不管怎么禁都禁不掉的。而在千变万化的诸多舞弊手法之中，考生爱用排行榜第一名的却始终都是夹带小抄这一项。据礼部所公布的资料，今年光是顺天乡试的头场考试，在入场时被搜检出有夹带小抄的考生，竟然就高达二十一人。而这些违反考场规则的考生，藏匿小抄的地方更是无奇不有，有的人藏在装东西的筐笆中，有的人藏在烛台里，还有塞在扫帚柄里面的。

连帽顶、帽缨、衣服夹层、衬里、袖缝、袜子，甚至裤裆里的小抄都在这次考试中纷纷现形。由于考生夹带小抄闯关的情形越来越严重，政府的考试规则也得跟着不断变化。现在考生入场时，会分别于两处进行双重搜检，如果过了第一关没被搜出，而在第二关被发现小抄的话，那负责检查第一关的官役就要被惩治。而考生一旦被查出夹带小抄的话，不只是自己要受罚，连带父亲、老师都会一并被送官追究责任并加以治罪。

解决八旗生计　旗民出关垦荒

政府不但帮旗民找好了垦荒的地方，甚至还帮忙把房子都盖好并先行开垦了部分的土地

好了，已经帮你们盖好房子，也先开垦了一部分的土地，接下来靠你们自己了……

干脆顺便帮忙种出粮食，收成后再给我们吧……

是啊……还得弄脏手，真是麻烦死了……

在政府不断地赏赐银钱，或是预借饷银给八旗官兵，甚至还增开了许多养育兵的名额以增加就业机会，但仍旧无法有效地解决在京的旗人生计问题之后，清廷终于开始思考整个问题的根本原因。在经一番热烈的讨论之后，乾隆皇帝弘历认为问题的症结点就在于八旗子弟依规定只能当职业军人，而没有办法像普通农民一样去从事其他的生产活动。于是自乾隆六年（一七四一年）起，弘历就开始想尽各种办法为在京旗人另谋出路。他先是派出了大学士查郎阿前往东北地区勘察地形，并选定了拉林一带作为垦荒之地，然后再派人于当地盖好房屋，并预先开

垦了一部分的土地，最后才在今年把京城中一千户的旗民强行迁往拉林附近垦荒。只是这些八旗子弟完全没有耕种经验，又在京城过惯了无所事事的安逸生活，这时要他们拿起锄头下田，只怕不会那么顺利，很有可能还没种出个什么东西来，资金和存粮便消耗殆尽，而耕牛也死得差不多了。不过专家表示，让旗民出关垦荒的这项政策，确实是一个正确的方向，只不过可能得等个十年左右的时间才能看到具体的成效。到那时，旗民才能从一个大外行，变成一个可以靠土地生存的农民。

【专题报道】当铺

对许多人来讲，在临穷危难而又到处借不到钱，朋友一下子全都躲起来的时候，当铺确实是应急的唯一选择。尤其是经济越不景气时，当铺的业绩反而越是居高不下，成为金主投资获利的一大重要渠道。据经营这行已经好几代的业者表示，通常当铺在接受你拿来典当的东西时，会趁机把典价压到低得不像话。同时，当铺在支付典银给你时，则会依照惯例直接扣掉百分之十当作利息，然后只会付给你当票面额百分之九十的银两。之后，如果你有钱了，想要在赎回的期限内拿回典当物品的话，要付的钱可不是当票上的典价，而是要再加三成，也就是要支付典价的百分之一百三十给当铺，才能赎回东西。也就是说，就这样一来一回之间，当铺便已获得了百分之四十的利润。要是你在过了期限还是没有钱可以把东西赎回的话，那当铺的获利就更为惊人了。因为把当物拍卖所得的钱，往往是当票面额的好几倍。而且开当铺的风险极低，不像放债借款会有连本金都收不回来的风险。也难怪上从部院大臣，下到地方官员都纷纷委托家奴经营当铺，连王公贵族也争相以此为副业，使得当铺业一片欣欣向荣。初步估算，

由于典当的生意非常好，所以有许多家大型当铺根本就是皇帝派人在经营的

目前全国的当铺数量就有两万个之多。据闻，先帝胤禛还是雍亲王的时候，便已委托心腹经营了许多家当铺，等到他当上皇帝之后，这些当铺自然就变成了所谓的"皇当"。再加上之后在查抄官员时所没收的当铺也变成皇当，使得皇帝通过当铺累积的财富越来越多。而在乾隆帝继位之后，皇当的数量又累积许多，单被查出的就有丰和、万成、恩吉、因成、永庆、复兴、信义等二十几家。不过这些由内务府经营的皇当可都是保密的，一般人根本不知道皇帝也在经营当铺。而经营当铺所获得的利润，也已经成为皇室最主要的经济收入。听说皇帝在封赏给诸皇子、公主府第、庄园时，也会把本银数万两的当铺当成恩赐呢。

·········· 瞻对土司夹坝抢劫 清廷决定武力压制 ··········

　　四川巡抚纪山日前上了一道奏折，称瞻对土司不时有四处夹坝抢劫之事，而且在官方介入处理后，还不愿交出行抢所得赃物，甚至密筹军粮，滋扰官兵，若不及时处理的话，恐怕日后将酿成大祸。于是清廷决意加以征讨，便由四川方面派出汉军及土司官兵共一万二千名，并从西宁调来三千名西藏士兵协同进剿。不过，由于瞻对土司深处万山丛岭之中，地势极为险要，征讨不易。在雍正八年（一七三〇年）时，清廷就曾发动一万余名士兵深入此地，但最后却是无功而返。看来想要以武力强行拿下瞻对，恐怕也不是一件那么简单的事。

庆祝登基十年　普免天下钱粮

老爷，今年税金省了几百万，要不要让底下的人也分点好处？

嗯，这主意不错，每人发一颗糖果好了……

　　六月，乾隆皇帝弘历以临御天下已经十年而且国库存款有余，而下令蠲免全国共计二千八百余万两白银的钱粮税金。实施的方式，则是仍照旧例，预计以三年的时间分区轮流完成。同时也指示各省督抚，要他们好好地劝谕各地的地主，以感发其天良，让他们在得到普免钱粮的好处时，也要自行酌减向其租地之佃户的田租。不过，对于这点，也有官员建议说，从根本上应该直接颁布规定，要求地主们减少固定的租金，以便让全国的民众不分地主佃户，都可以感受到普免钱粮的浩荡圣恩。但大学士则认为如果直接限定地主应减免多少田租额度的话，恐怕只会徒然增加执行上的难度，所以便驳回了这项建议。而弘历本身也赞成大学士的看法，认为成事在人，只要官员们好好地劝谕地主即可，还用不着以法令来约束这件事情。

四川啯噜横行霸道　政府严控迁入人口

　　上文曾讲到了在直隶、山东等地，流窜着一类叫"老瓜贼"的匪徒，他们横行地方为害，令官府非常头痛。无独有偶，在四川地区也有一种令当地百姓及政府官员深觉烦恼的问题，也就是"啯噜"的存在。所谓的"啯噜"，可不是《魔戒》里面的那只怪东西，而是由外地进入四川的游民所组成的恶棍团伙。这些啯噜时常聚居在古庙荒亭之中，然后结党横行，沿村勒索。他们除随机向人要钱要饭外，如果遇到有正在举办婚丧的人家，便会自行入内强索酒食。要是主人家不能满足他们的话，这群人便咆哮惹事，或是出言恐吓，或是放火行抢。人数多一点的啯噜，还在光天化日之下公然抢夺奸淫，杀人害命，反正就是无恶不作。而四川之所以会有这么多的外地流民，最主要是因为某种不明原因，邻近各省一直流传着四川有许多土地还未开垦的谣言，使得许多人争相入川来寻找垦地的机会，希望可以就此变成地主。结果到了四川之后他们才发现根本不是那么一回事儿，可以开垦的田地早就被开垦得差不多了。而这些人为了生活下去，只好群集为盗，才造成了治安上极大的问题。而为了处理啯噜问题，川陕总督庆复便向清廷奏请，规定今后凡是要移民进入四川者，都一定要在四川持有产业的亲戚向四川省政府提出申请，经查复通过之后方可入境。

噶尔丹策零病故
准噶尔情势不明

据西北方面传回的最新消息，雍正时期对大清造成极大威胁的准噶尔汗噶尔丹策零已经病故，并由其年仅十三岁的嫡子纳木扎尔继承汗位。但因纳木扎尔年纪尚幼，所以由其姐鄂兰巴雅尔协助处理一切事务。不过，听说鄂兰巴雅尔的权力欲很强，对弟弟纳木扎尔总是多方约束，所以再过几年等纳木扎尔大一点的时候，情势可能就会产生一些变化。加上纳木扎尔上面还有一个哥哥，下面还有一个弟弟，到时候会不会闹起内讧，都将影响准噶尔与大清之间的关系。有鉴于此，清廷已经命西、北两路军筹备边防，加强战备，随时准备应付可能发生的变化。

粤海关实行保商制度

贸易活动十分频繁的广东地区，因为经常有代理进出口的行商发生资本额不足，以至于没有办法一口气缴足税额的问题，造成政府极大的困扰。两广总督兼粤海关监督（广东海关督察）策楞，为了能够彻底解决此一问题，便决定实行所谓的"保商制度"，也就是在当地的各家行商之中，选择以往的记录中信用良好，且财力背景较为雄厚的生意人来当"保商"，作为外籍商船入粤进行贸易时的代理及监察人。以后每艘外国商船进港之后，都必须有一名政府认可的保商作为担保，而外商以及船员们的一切行动，也都要由保商负责。

本来由外商自行向政府缴纳的税款，也改成由保商来统一担保，而所有进出口的货物也都由保商来确定价格，然后再由其他各家小行商分领销售。在这个制度建立之前，凡是进港的外国商船货物，并没有专人照顾，而是由数个行商一起承办相关事宜。一个行商最多只可以承销该船百分之五十的货物，剩余的便由其他行商来承销。在新的保商制度实施之后，虽然政府对外商贸易的管理变得简单而高效，但对于外国商人来讲，反而变成不论是货品的定价还是承销等所有权限，全都被同一个保商给握死了，将使得利润及自由度大受限制。

年度热搜榜

【乾隆十一年】公元一七四六年

> 河道总督白钟山因贪赃渎职事发，而被下令革职充当民工

暗藏赃款仍被追缴　河道总督沦为民工

在不久前，江南河道总督白钟山被人举发有克扣河工薪资、勒索下属、偷工减料导致河水漫口决堤，以及贪污了数万两治河工程款银等事情。相关单位在调查之后，证实在白钟山被劾的数款罪状中，虽然有几项是不实指控，但陈家遭河水冲刷淹没一事则确为事实。于是中央政府便下令将白钟山押解至京，随后在司法部门审结后将其革职，并要负责赔补陈家浦漫口工程所虚费的银两。不过，相关单位在查封其北京宅邸之后，回报说所查出的白银加上房产总值不过数千两

白银而已，并没有发现可疑的赃银。但弘历觉得白钟山的治河工程施工品质这么差，一定有从中上下其手克扣工程款项或接受贿赂，家中财物不可能只有这么少，于是下令再扩大调查范围，务必追出赃银。司法单位在抽丝剥茧式的查访之下，最后终于查出白钟山竟然把赃银寄放在一些和他关系很好的商人那里，在各方追缴之后，追回的赃银竟达十万两之多。罪行全部露馅的白钟山，于是被革职发往治河工地充当民工。

千辛万苦功终成　瞻对土司成焦尸

自从去年清廷决定以武力讨伐瞻对到现在，所动员的兵力已经超过万人，所花费的公帑也超过百万两白银，但在军事方面却没有见到太大的进展。这样的结果，使得乾隆皇帝弘历也开始对此次军事行动感到些许的失算以及后悔。他还向大臣们发牢骚说，这一切都是川陕总督庆复，以及四川巡抚纪山一开始没有把当地的地理形势及风土民情给调查清楚，而把整个事情看得过于简单，所以才会导致现在这种骑虎难下的状况。但事到如今，总不能把向瞻对质问的话再吞回去，于是便要求庆复一定要在五六月间获胜。受到极大压力的庆复只好力图振作，于四月中旬攻破瞻对的如郎大寨，不过瞻对土司班滚却早已弃寨携家遁逃。而班滚在逃走前，

围剿瞻对的政府军传回叛军首领已经被活活烧死的大好消息

这一定就是叛军首脑的尸体。

太好了，赶快回报庆功……

早就通过关系请达赖喇嘛、班禅额尔德尼以及西藏的郡王颇罗鼐，向清廷代为说情，希望能得到一个自新的机会。不过弘历不但没有答应这项请求，反而下谕严斥帮忙代奏的驻藏大臣傅清，说如果让班滚给逃到西藏然后找不到人的话，就要将傅清就地正法。幸好庆复在六月初回报，说瞻对之役在前后动员了二万三千余名士兵、耗费百万两白银之后终于结束。总计剿灭要塞七十六处、焚毁战碉七百六十余座、临阵斩敌一千二百余人，而贼首班滚也于不久前尼日寨被攻破时，被活活烧死。虽然弘历已同意除留驻部分兵力外，将其余大军全数撤回，但对于班滚被烧死一事却始终觉得尚有可疑之处，总认为烧得焦黑的尸体未必就是班滚本人。所以还要庆复务必详加确认，以免让贼首有死里逃生的机会。

五年前已被绞死的无为教开山祖师张保太，又受近日的邪教案牵连而被开棺戮尸

贵州等地查获反政府邪教组织

根据云贵总督张广泗所提出的报告，贵州地区在查获由魏斋婆所领导的邪教组织，以及其门下的一百多名信众之后，又循线查获了多个与此有渊源的反政府邪教组织。报告中指出，这许多的分支邪教，追本溯源，都是由康熙时期一个自称"无为教"第四十九代"收圆祖师"的张保太而起的。虽然在一开始的时候，张保太自创的这个教派并没有什么反政府的色彩，但是在乾隆六年（一七四一年），张保太被政府以"左道惑人之罪"绞死，而他的诸位弟子将该教传入各地，并成为各省的掌教首脑之后，这个组织也逐渐演变成各种不同名称的反政府邪教。之后在全国的许多省份都有不少的民众陆续入教，其中尤以西南地区最多。像这次在贵州被逮捕的魏斋婆，就是张保太的重要弟子之一。中央政府在日前将此案审结之后，还下令将已死的张保太开棺戮尸，先后已被逮捕的各省掌教及领袖人物则分别处以凌迟及斩立决之刑，至于遍布全国的无知教众，则全数予以宽宥。

第三章

远征金川　劳民伤财

（公元一七四七年～一七六二年）

本章大事件

▶ 大金川屡扰近邻
乾隆帝决意征剿

▶ 大金川据二险严守
瞻对班滚证实未死

▶ 清廷批准金川投降
傅恒建功接任首揆

▶ 孝贤皇后地位难以取代
皇贵妃前景不被看好

公元一七四七年 ▶ **公元一七四八年** ▶ **公元一七四九年** ▶ **公元一七五〇年** ▶

▶ 皇后病逝东游途中
乾隆心碎颁谥孝贤

▶ 大学士讷亲经略金川
政府军攻势严重受挫

▶ 傅恒军强攻金川
莎罗奔意欲请降

▶ 金川事毕连锁反应
瞻对主动悔罪献降

▶ 红旗捷报!
阿逆被俘?
结果又是乌龙一场
准哈二部联手抗清

▶ 官员宁枉不敢轻判
疯汉文字狱将激增

▶ 乾隆仿照康熙
展开首次南巡

公元一七五一年 ▶ **公元一七五五年** ▶ **公元一七五六年** ▶ **公元一七五八年** ▶

▶ 准噶尔蒙古平而复叛
阿睦尔撒纳纠众反清

▶ 清军再起
形势逆转变有利
无辜入狱
刘统勋获得释放

▶ 臣或奴才?
官员奏折署名大有学问

▶ 回大军倾巢而出
兆惠被围黑水寨

▶ 苦撑三月援军终至
清军黑水之围解除

▶ 清军两路进逼
叛乱宣告平定

▶ 学政刘塘举报
文字狱又一桩

公元一七五九年　　**公元一七六〇年**　　**公元一七六一年**　　**公元一七六二年**

▶ 城内千人暴动
官军迅速摆平

▶ 伊犁屯田
渐次推广

▶ 乾隆三下江南

▶ 全国总人口突破两亿
粮食供应成首要问题

年度热搜榜

大金川屡扰近邻　乾隆帝决意征剿

去年（一七四六年）四川巡抚（地方行政长官）纪山向中央政府提交报告，说大金川的土司莎罗奔有侵犯邻近土司的举动，还用武力夺去了小金川土司泽旺的印信。当时乾隆皇帝认为这些只是边疆部族之间的小小攻杀，根本不值得清军介入，只要时间长了这些纷争便会自行消逝。但是出乎清廷意料的是，后来大金川竟然又扩大了劫掠范围，不但抢夺各土司的财物，甚至还主动攻击政府军的兵哨营站。于是弘历才改变了想法，调张广泗为川陕总督准备进剿，还要求务必拿下大金川贼酋的首级，然后再顺便剿清之前瞻对之役中尚未剪除的残余力量。据记者所得资料，金川原指大金川及小金川，是四川西部大渡河上游的两条支流，当地各有居民群聚于此，也习惯将这两地的部落称为大小金川，并且分别设有土司。共约有三万户人口的大小金川，西连西

咚！

真的要用武力去惩罚他吗？

嗯……嗯……你快去就对了。

金川部落凶悍善战，中央政府自古以来便不敢轻言对其用兵征剿

藏，南接云贵，北靠青海，东通成都，地理位置可说是十分重要。但因该地区崇山峻岭、气候险恶，而且每条要道险径，皆设有难以攻陷的战碉石堡，民风又凶悍尚武，所以自古以来中央政府便不敢轻言对此用武力征剿。此次发兵，难度比进剿瞻对之役不知要高上几倍。

大金川据二险严守　瞻对班滚证实未死

川陕总督张广泗在接到清廷要求剿灭大金川的命令之后，于五月便抵达了杂谷脑，随后陆续调集了云南、贵州共两万余名的绿营兵，准备对大金川发动攻击。而之前在大金川的胁迫之下，不得已只好参与叛乱的小金川一见清军势大，便立即率众投诚，而使政府军得以用全力对付大金川。在这种有利的情势之下，张广泗兵分七路，以三万军力各路并进。大金川土司莎罗奔在听闻清军将至的消息后，已率部落兵众与其倒郎卡分据勒乌围及刮耳崖两处易守难攻的石堡之中。与此同时，张广泗也发现瞻对土司班滚其实并没有被烧死，目前仍在如郎寨据守。也就是说当初负责征讨瞻对的庆复，并未如报告中所说的尽拆瞻对战碉，分割其地，而是只焚毁了两座无人防守的空战碉之后，便做了个假报告来欺骗中央。班滚所据大寨根本就没有被攻下，他本人现在也仍安

稳地率众驻防在如郎寨之中。原本就一直存疑的乾隆帝，在知道这个消息后，便将已调回京担任大学士的庆复革职待罪，并指示针对班滚的部队先不要露出风声，等到金川剿平之后，再迅速移师攻击如郎寨，一举擒获班滚。

台风强袭江苏　死亡人数过万

今年九月的超级台风，夹带着大量的水气侵袭江苏，几天之内不但风势惊人，还降下倾盆大雨，同时也造成了海水倒灌，使得崇明等十五个州县全部沦为灾区。据地方政府刚刚上报的资料，被冲垮的房屋数量竟然高达十万余间，而农作物的损失则严重到无法估计的地步。惨被淹死的百姓多达一万二千余人，而幸存者面对家园破碎与亲人死去的痛苦，以及疾病传染与粮食不继的威胁，处境更是艰难无比。中央政府在闻讯之后，立刻下令截留漕粮（专供京城食用之米粮）二十万石，以作为赈济之用，并宣布免除灾区明年的全部税赋。

金川难以攻陷　清军无功暂退

气死我了，你盖这么坚固干吗？

嘻……小时候我就听妈妈说过"三只小猪"的故事了……

大金川的碉堡异常坚固且易守难攻，清军多次进击皆无功而返

政府军对大金川所展开的攻势，果然受到了极大的阻碍。根据川陕总督张广泗的战情报告，由于金川一带不但尺寸皆山，形势陡峭无比，在各个狭道隘口之处更是设有高达十丈的石砌战碉。政府军在几番抢攻之后，所得成果却极为有限，往往需要消耗大量的兵力及时间，才能辛苦地拿下一座碉堡。不过，由于大金川土司莎罗奔为了能够更有效地阻止清军攻坚，已经将主要的部队全都撤入勒乌围及刮耳崖两处的险要碉堡之中，而导致无法在粮食成熟之季外出收割粮食。眼看着堡内的存粮越来越少，逐渐担心起来的莎罗奔只好派人向清军阵营表达了想要归降的意愿。不过对于这样的请求，弘历并没有松口同意，仍然指示张广泗务必将莎罗奔擒获正法。于是清军只好在大雪封山、行动困难的条件下继续进攻石碉。由于缺乏大炮助战，碉堡又易守难攻，在损失了许多兵力之后，张广泗决定先在城墙凿洞然后再使用炸药。但是这个方法并未奏效，因为敌军的防御十分严密，只要一接近，石块和箭矢便漫天降下，别说放炸药了，根本连城墙都无法靠近一步。于是清军只好再改用挖地道的方法，想要挖到碉堡底部再用炸药将石碉炸毁。可是试了几次，不是距离算错太早引爆，就是只震垮了一些无关紧要的地方。最后弘历考虑到天气实在过于恶劣，才终于下令让已经疲惫不堪的兵士们暂时回军休整，等待来年春暖时再行进攻。而大金川也趁着清军撤退的机会，夺回了部分失地，并于各险要之处，重新加强防御工事，让一切又回到了原点。

·········· 皇后病逝东游途中　乾隆心碎颁谥孝贤 ··········

二月初弘历原本与皇太后、皇后等一行人快快乐乐地东巡谒孔，但到了三月中旬，旅途中偶染风寒的皇后富察氏，竟忽然病情加重而就这样与弘历天人永别，病逝于山东德州，享年三十七岁。弘历与富察氏之间感情深厚是众所周知的事，自两人结发以来，聪明又善解人意的皇后就一直恪尽职守，不仅自身平居恭俭，对皇帝的生活起居关怀备至，还能尽心侍奉皇太后，友爱所有嫔妃，将她们的孩子都视如己出。心爱的皇后忽然去世给弘历带来前所未有的打击，也让皇宫笼罩在一股哀戚的氛围之中。而依照惯例，皇后死后的谥号，都是在皇帝发出谕旨之后，由大臣拟出几个字上奏，再由皇帝从中挑选钦定的。但这次弘历却打破惯例，跳过大臣便直接降旨谥富察氏为"孝贤皇后"，以表达他对这位用情至深的皇后的极高评价与肯定。

富察氏

政府查禁福建老官斋　逾五十名抗议者被处死

最近各地纷纷传出反政府的秘密宗教团体聚会并密谋起事的案件，使得政府为此备感头痛。而在不久之前，福建省又有所谓的"老官斋"组织被政府查获，还囚禁了主持邪教聚会的五名首脑分子。但是这项查缉行动，却意外地引发了一千余名老官斋教众打着"代天行事""劝富济贫"的旗号前往官府进行抗议。原本官方对于这些宗教组织的查禁态度，都只严惩为首的几个领袖人物，而宽恕大部分的无知群众，但这次因为事情闹得太大了，逼得官方不得不采取强硬的态度派兵镇压，并逮捕闹事的暴民。结果五十多名带头抗议的人，分别被以凌迟、斩、绞等不同方式处死，其余两百名左右一同起事而被逮捕者，则被处以发遣、枷责等刑罚。而在这起事件过后，清廷要求各省督抚一定要特别留意邪教的活动，勤加访闻，一有发现便即行擒获。

清军换上大学士讷亲经略金川军务，但到目前为止仍是一筹莫展，攻势严重受挫

大学士讷亲经略金川　政府军攻势严重受挫

由于川陕总督张广泗所负责的金川军事行动效果不彰，所以在今年四月的时候，弘历便另行任命大学士讷亲为经略大臣，前往大金川取代张广泗指挥大局，并依讷亲的建议，起用雍正年间遭到罢黜的名将岳钟琪为四川提督，同赴金川军营协同作战。只不过当讷亲抵达前线之后，因为本身不懂军事却又急于进攻，便采用了张广泗的建议，将大军兵分十路，同时对大金川发动攻击，结果由于兵力过于分散而付出了惨痛的代价，造成政府军官兵伤亡严重。而经过此次实战的震撼教育之后，这位饱读诗书的大学士，竟然好像被吓到了一样，再也不敢下达什么指令，整天只是躲在营帐中遥控指挥罢了。他不但再也没有什么作为，甚至还上折向乾隆皇帝建议说与其强攻不下，不如也学大金川构筑坚固的石碉，然后来个相互对峙算了。在这个方法一提出之后，弘历便知道讷亲大概已经没什么主意了，于是在传谕否决此项建议的同时，也叫讷亲干脆只要指示大纲就好，所有实际的军务都去询问张广泗的意见。不过张广泗因为被讷亲取代了统帅的职务，自然不肯为他想什么好的计策，反而让人感觉是在等着看好戏一样。不仅如此，接下来政府军的几次行动，更好像都早已被大金川土司莎罗奔事先知道了一样，只要一出动便会遭到敌军的伏击。看来，如果政府军不能尽快解决这些问题的话，势必会陷入更为艰难的险境之中。

不忍皇后之死　百官动辄受罚

皇后富察氏的去世，不但给乾隆皇帝弘历造成了极为严重的打击，也意外地引起了朝廷内外接连的风波。先是二十一岁的大阿哥永璜和十四岁的三阿哥永璋，因为在参加皇后丧礼的时候并没有显露出任何悲痛之情，而被瞧在眼里的弘历多次训斥。对于皇后之死已经悲恸不已的弘历，见到自己的儿子居然没有哀悼之意，实在是感到十分不可思议。因为这两位皇子虽然不是富察氏所亲生，但皇后在生前可是对所有的皇子都视如己出般疼爱。如今永璜、永璋却这么没有感情，已经让弘历失望得直接宣布绝对不会让他们两个有承续大统的机会。而包括和亲王弘昼、大学士（高级官员）来保、侍郎鄂容安等皇子的师傅们，也都因为教导不周而连带受到罚俸的处分。接着，弘历又发现皇后的册封文书在翻译成满文版时，误将"皇妣"一词译为"先太后"，于是在盛怒之下，又将管理翰林院的刑部尚书阿克敦按"大不敬"议罪，最后竟判决斩监候（死刑，但暂时收押在狱等候执行），而刑部满汉尚书、侍郎则是全堂问罪，全都被革职留任（免除官位，但仍从事原来职务，若表现良好能复职）。另外，翰林院撰拟皇后祭文时，用了"泉台"二字，让弘历认为这两个用于常

皇后的死给乾隆造成了极大的打击

人的字岂可加于皇后之尊，使得大学士张廷玉等也因此受到罚俸处分。工部则是因为办理皇后册宝时制作不够精细而被全堂问罪。光禄寺也因置备皇后祭礼所用之馎馎、桌子都不够洁净鲜明，而使得正副主官都被降级调用。礼部也因册谥皇后之仪礼有误，使得尚书及其他堂官皆受到处分。不仅京官备受责难，连外省的五十多个满族文武官员也因没有具折奏请赴京叩谒皇后梓宫，而受到降级或撤销军功记录的处分。看来，如果官员们不小心谨慎一点的话，随时都有可能因为

在皇后去世的这个节骨眼上犯了小错而丢失性命。更有心理医师大胆指出，皇帝近日来因为承受的压力及伤痛过大，已经造成部分心理扭曲。之前以宽大为怀的治国方式，是否会因为皇后之死而风格大变，从而成为生杀予夺皆肆意妄为的人，是值得深入观察的。

政府存粮过多　反致粮价上涨

因为乾隆皇帝在继位之后，便不断地强调积存粮食的重要性，使得民间的粮食有一半都被政府采购进了官仓之中，结果造成了近年来粮食价格的不断上涨。虽然在乾隆九年（一七四四年）的时候，中央政府曾经下令停止采买米粮一年，但是各地仓库的积粮却仍然来不及消化，直至目前为止，备用米粮的储存量还是过多。所以政府今年又重新计算，于七月定出了新的储粮数额，将全国的法定粮食存量由四千八百余万石，一口气降到三千三百余万石，足足降低了一千五百余万石的标准。但是根据统计，现在各地官仓中的储粮总数，如果

是啊……最近仓库都爆满，一不小心就吃多了，只好出来减减肥……

张太太，你也出来运动啊……

由于政府近年来采购太多存粮，已造成粮价变相上涨

以最新通过的标准来看，仍然多了三百余万石。看来，政府要赶快想办法把这些多出来的米卖到市场中才是，不然因为粮价高涨而衍生出来的一连串社会乱象，可能会成为一个让政府更为棘手的问题。

剃头剃到头掉了!
皇后丧期未满百日 官员违制被令自尽

许多官员因违反皇后去世百日之内不得剃头的规定而被乾隆处死

奉天锦州知府(地方行政长官)金文淳等人,因违反国丧百日之内不得剃头的规定,被交由刑部问罪。还未从丧后悲痛中恢复的弘历对此十分生气,便于六月中旬再次重申此项规定,并要求相关单位查处。于是湖南巡抚杨锡绂、湖北巡抚彭树葵等人,便立刻上折自首请罪,表明于皇后去世仅二十七日后便剃头。由于杨、彭二人即时自首,所以

弘历便从宽论处,仅对二人予以革职留任的处分。但之前还在观望的江南河道总督周学健,以及湖广总督塞楞额两人就没有这么幸运了,在被查出违制剃头之后,已被下令自尽。剃头这件对大清官员百姓来说再熟悉不过的事,竟然会成为皇帝宣泄悲痛的渠道,而真的把地方大员的整颗头给"剃"了,恐怕已经把所有人都给吓坏了吧。

米太贵 买不起　饿民被当恶民　四十人被杖死

各地粮价飙涨的趋势可说是一发不可收拾，四川、云南、贵州等地区从雍正年间的每石四五钱，到现在已经涨成一两上下，而在青黄不接的五月间或是作物歉收的时候，更是夸张地涨到每石要价一两七八钱甚至二两以上。这样居高不下的粮价，相较于康熙时期的每石只要二三钱，可以很明显地看出涨幅有多么惊人。正因为这样，全国各地快要活不下去的老百姓，

米价已经飙涨到一般百姓无法负担的程度，许多人为了生活只好铤而走险抢粮

啊……

只好铤而走险干脆直接动手抢粮。最近几年来，不论是官府还是富豪的粮仓，抑或过境的运粮车队，全都成了这些无以为食的饿民强行借粮的对象，每年发生的案件都有数百起。而今年江苏地方又因粮荒，加上米商囤积居奇，导致粮价涨得更不像话。忍无可忍的民众，在县民顾尧年的领导下，群聚上街示威抗议。顾尧年身挂"为国为民非为己"的木牌，在数万名不满民众的簇拥下，自缚前往巡抚衙门，请求将官府及米商的存米都

放出来平粜，以供应百姓所需。但巡抚安宁竟然直接把为首的顾尧年等三人立毙杖下，结果引起民众的愤怒，进而发生了暴动。而官府则以兵力强行驱离民众，并逮捕了三十几个滋事分子。这件案子上报朝廷之后，乾隆帝很快便降下朱批，要地方官将聚众为乱的首要分子全都立即正法。最后，这起群众因饿得受不了而抗议暴动的案子，便在四十人被杖毙于大堂之上，而百姓依然买不起粮食的情况下结案了。

久战金川无功贻误军机 讷亲广泗下台傅恒上阵

四川提督岳钟琪发现在对大金川的作战之中，战略总是被敌军事先破解的原因，就是川陕总督张广泗重用了几个当地的头目，而这些人根本就是大金川所派来的卧底。乾隆皇帝弘历在收到岳钟琪的报告之后，才终于对全局有了通盘了解，知道问题的根源就在讷亲及张广泗两个人身上。于是乾隆下令把统帅讷亲以贪图安逸、不至前线、唯知迁延时日的理由解职，并发往北路军前效力；而以老师坐困、靡饷不赀、信用贼党、贻误军机之罪，将张广泗逮捕至京；然后另派协办大学士，也就是刚去世的孝贤皇后之弟傅恒为经略大

握紧扶手，站稳台阶。

久战无功的讷亲及张广泗遭到撤换，改由傅恒接棒

臣，领兵两万余人，于十一月初前往前线接管金川军务。

傅恒军强攻金川　莎罗奔意欲请降

替代讷亲及张广泗，接手经略金川之战的大学士傅恒，在十二月领兵抵达金川与前线部队会合之后，先处死了大金川所派出的卧底，然后采取了四川提督岳钟琪的建议，以总数超过五万人的优势军力，对大金川发动总攻。不同于以往的是，清军这次先分兵八千防备刮耳崖的金川兵，然后水陆并进，用全力抢攻勒乌围，打算先集中火力拿下此处，然后再回头攻取刮耳崖。而大金川土司莎罗奔因为此时手边所剩的兵力只有三千余人，在失去了眼线，而粮食也渐感缺乏的不

利情况下，只好派人向清军请降。目前清军方面已将大金川请降的消息通过驿传系统送往京城，但因两地相隔遥远，所以要等皇帝收到奏折、批示，然后再传回军前可能还需要一段时间。在还没收到裁示之前，前线官兵可是没有丝毫松懈，仍旧全副武装，上阵与敌人杀得血肉模糊。兵士们能否赶快回家，现在就取决于乾隆帝愿不愿意拉下面子，在大动干戈却没有讨到什么便宜的情况之下，与大金川和议停战了。

乾隆提拔妻弟增历练　傅恒展现强烈企图心

对大金川之役中，因久战无功已于去年（一七四八年）被解职的前任川陕总督张广泗，在经过乾隆皇帝亲自问讯之后已问斩。而原先被发往北路军效力的前任统帅讷亲，则是在全案审结之后，于年初被御前侍卫带着其先祖遏必隆之佩刀，直接在军前问斩谢罪。至于前线的部队，虽然在大学士傅恒的亲自督师之下，先后攻陷了几座大金川的险碉峻堡，并积极展现出进攻的决心，但其实政府军方面却已逐渐显露出缺粮缺马等潜在的危机。在追敌过深、运补不及，以及水土不服、军士多病的状况之下，接下来的战况清军将很难再占到便宜。评论家表示，其实乾隆帝之所以会派傅恒去征剿金川，最主要的目的是有意将他培植成首席军机大臣，所以想让他在沙场上有所历练，以便在群臣之中建立威望。而傅恒之所以会成为皇帝的中意人选，除本身各方面的能力极强外，也正因为他是孝贤皇后富察氏的亲弟弟，而使得弘历或许对他多了一些移情作用。但以长远的战略眼光来看，目前的情势对清军可说是非常不利，如果傅恒又执意立功而过于深入险境的话，更有可能会让主帅的性命悬于一线。万一傅恒有个三长两短的话，那弘历对于已逝的挚爱富察氏可就不知道要如何交代了。所以，在几经思量之后，弘历便降旨要傅恒速速班师。弘历不但屡降谕旨嘉勉傅恒的表现，还下诏封他为一等忠勇公，赏给他红宝石顶戴以及只有亲王、郡王才能穿的四团龙补服。只是傅恒似乎没有搞懂弘历的用心，在收到谕旨之后，对皇上的厚爱感动万分，不但上疏力辞公爵，还坚请领兵攻击，一定要征服大金川来报答皇上的知遇之恩。

傅恒

清廷批准金川投降　傅恒建功接任首揆

乾隆皇帝弘历批准大金川请降之请的谕旨，于日前终于送至前线，统帅傅恒受命班师，历时两年、耗费千万两白银的大金川之役就此正式宣告结束。双方除在兵力上不轻的折损，以及经济上的巨大伤害外，其余的一切可说都回到了原点。不论是大清还是金川，谁也没能得到什么实质上的好处。不过，弘历接受投降的决定，也确实缓解了因军费支出过多，而使得国库存款仅剩下二千七百万两白银的沉重压力。至于才刚接任统帅不久的傅恒，也非常幸运地因为敌方主动请降，在没有耗费太大力气的情况下，便以征金川第一功臣的身份建立起在朝中的威望，并取代了讷亲的地位，破纪录地在二十六岁这一年，便以保和殿大学士、太保、一等忠勇公的头衔，成为首席军机大臣。

孝贤皇后地位难以取代　皇贵妃前景不被看好

在挚爱孝贤皇后富察氏去世满一年之后，弘历终于勉强同意了皇太后的安排，在四月五日这天，将娴贵妃（皇后、皇贵妃之下第三等皇帝侍妾）那拉氏册封为皇贵妃，以代替皇后来统摄六宫之事。不过在册封仪式上，皇帝似乎有意降低其规格，还特别下令不准公主、王妃、命妇等依照惯例前往皇贵妃宫行庆贺之礼。据某位熟悉皇家事务的高层指出，弘历这个举动，很清楚地表明了他到目前为止，还无法接受任何人来取代孝贤皇后的位置。所有的一切，都只是为了尽孝道，才勉为其难地遵照皇太后旨意行册封礼罢了。如果情况真是如此的话，预计在明年孝贤皇后丧期结束之后，便要正式册封为皇后的那拉氏，恐怕将受到弘历极度的冷落了。

铜制品禁止出口

自雍正五年（一七二七年）开放了南洋的贸易禁令以来，由于铜器并不在禁止出口的清单之中，使得每年经由各海口贩售到国外去的红黄铜货，总数超过十万斤，不但造成国内铜原料的短缺，也连带影响了白银与铜钱的汇兑比率。所以，中央政府日前经户部商议之后，已经决定从今以后所有铜制品都严禁出洋。之后如果再查出有将红黄铜器贩至南洋图利之商船，铜器重量在百斤以下的为首者杖一百、徒三年，重量如果超过百斤的，则一律发往边地充军。

— 请旨保证履约配享　廷玉过急被削伯爵 —

之前大学士张廷玉因为年事已高而提出退休之请时，并没有第一时间获得弘历的批准。其原因则是雍正皇帝当初留有遗命，让张廷玉与鄂尔泰两人在死后都可以配享太庙（将牌位升祔在皇帝宗庙里接受供奉）。而弘历认为既然想要在死后享有最高荣誉，在世时自然就应当鞠躬尽瘁，为国家贡献出一生，所以才没有准辞。而张廷玉大概是过于重视自己能否真的得到配享太庙这个殊荣，怕在他死后皇帝又临时反悔，便请求乾隆帝能特颁谕旨再次载明准其配享之事，以便有双重保障。不过这样的举动却意外惹恼了弘历，因为这摆明了是认为皇帝会言而无信，而必须立下书面证据才能算数。虽然弘历最后忍了下来，还是写了一首诗送他，并再次重申雍正帝配享之命。但行事一向谨慎的张廷玉，居然在写了谢恩折之后没有亲自入朝谢恩，而是大意地叫他儿子代替。这下终于让弘历当场翻脸，当着军机大臣傅恒与汪由敦的面大发雷霆，并要他们传旨加以责问。次日清晨，圣旨尚未发出，早已听到风声的

张廷玉便慌慌张张地亲自入朝叩谢圣恩。此时正在气头上的弘历，便将涉嫌通风报信的汪由敦免除协办大学士及尚书职务，但仍留其办理尚书事务，随后又削去张廷玉的伯爵之衔，令其以大学士原衔退休。至于配享之事，则因为先帝留有遗命，所以仍准张廷玉在死后得配享太庙。

112

年度热搜榜

【乾隆十五年】公元一七五〇年

金川事毕连锁反应　瞻对主动悔罪献降

之前假装被烧死而逃过清军追剿，但实际上仍然躲在如郎寨中等待机会的瞻对土司班滚，因为看到大金川土司莎罗奔在请降之后，权力及财物都没有被政府剥夺，于是便也请周围的各土司代为向四川总督（川陕总督因辖区过大，已于乾隆十三年分为四川总督及陕甘总督）策楞、四川提督岳钟琪等表示悔罪愿降之意。在乾隆帝批准同意之后，班滚已在日前率领亲族及所有手下头目，于军前向代表皇帝的清方人员匍匐罗拜，并保证从今以后，一定会约束手下，不会再抢劫。不过相关单位已经对班滚是否涉嫌假装被烧死以诈领保险金，将做进一步的追查。

瞻对土司班滚看到大金川的莎罗奔在请降之后，权力及财物都没有被剥夺，便也主动献降

皇长子永璜去世　张廷玉遭罢配享

一生谨慎的张廷玉最后竟因过于担心死后配享的问题而乱了套

去年因为配享一事受到乾隆皇帝严厉谴责的张廷玉，今年又因二十三岁的大阿哥永璜去世而再度闯下大祸。曾经担任过大阿哥老师的张廷玉，竟然在初祭刚结束之后不久便请求回家，而让正处于丧子之痛的弘历怒火中烧。乾隆不但对张廷玉这种毫无悲痛之情的做法加以严斥，还更进一步地列出了开国以来配享太庙的功臣名单，要张廷玉看看自己是否像他们一样皆是佐命元勋，是否和他们一样建有汗马百战的功劳，然后想想自己到底有无配享的资格并明白回奏。被皇帝这样逼问之后，发现已经惹祸上身的张廷玉只好乖乖地回奏，请求罢去自己配享太庙的资格并加以治罪，大学士们也因此拟了个罢其配享并革去大学士职衔的建议上呈。最后，弘历作出裁示，罢其配享但免革大学士之衔，

不过要将此事的前后情节详谕内外大臣知晓，彻底让其颜面扫地。政治评论家认为，张廷玉襄赞雍正十三年，几乎每一项重大决策他都亲自参与，直至乾隆一朝仍深受皇帝倚重。而张廷玉之所以可以纵横官场多年，所凭借的就是像他自己的名言"万言万当，不如一默"一样，为人谨慎小心，处处缄默持重。无奈的是，这条路戒慎恐惧地走到最后，却因为过于担心自己的配享问题而乱了套。其实在鄂尔泰死后，身居高位、在朝中影响力极大的张廷玉，便已引起了皇帝的警戒，甚至早有要将其党羽根除的打算。而配享事件引发的一连串打击，也使得原先依附于张廷玉的诸多党人尽皆散去，除去了皇帝心中的大患。

114

兄弟阋墙夺命取汗位　准噶尔内部政局不稳

在乾隆十年（一七四五年）噶尔丹策零去世，而由幼子纳木扎尔继位为准噶尔汗之后，准噶尔内部因汗位之争而掀起了一场手足内斗。首先是准噶尔汗纳木扎勒因受不了长期被姐姐鄂兰巴雅尔压制，所以在他年龄稍大之后，便用姐姐想要效法沙俄自立为扣肯汗（女皇）的罪名，把鄂兰巴雅尔给拘禁了起来。结果这举动却引起了许多贵族的不满，加上他自己又贪玩成性，终日屠狗取乐，把部族搞得乌烟瘴气。于是他同父异母的哥哥喇嘛达尔扎，便趁此机会把他给杀了，然后自立为准噶尔汗。不过到目前为止，准噶尔的局势仍未稳定，因为已经听说有些贵族又打算拥立喇嘛达尔扎的另一个弟弟出来争夺大位了。

驻藏大臣诛杀西藏王　傅清拉布敦被围丧命

西藏之前的掌权者颇罗鼐于乾隆十二年（一七四七年）病逝，并由其子珠尔墨特那木札勒袭封郡王之后，因为权力分配的缘故，与达赖喇嘛之间的关系日益恶化。在乾隆十四年（一七四九年）纪山替换傅清成为驻藏大臣后，珠尔墨特那木札勒开始聚集人马，并采取行动排除异己，同时暗中与准噶尔部联络，出现反叛的迹象。弘历发现纪山根本无法对付珠尔墨特那木札勒，便于今年又让有经验的傅清回西藏去代替纪山，同时派左都御史拉布敦协同驻藏。傅清与拉布敦抵达西藏后，经过明察暗访，很快便确认了珠尔墨特那木札勒阴谋叛乱的事证，于是便奏请准予便宜行事，准备用计将乱首正法，以绝后患。但是，在弘历觉得此举过于冒险，才刚要降旨让他们不要冒险行事的同时，傅清与拉布敦便已经采取了行动。他们以宣谕圣旨的名义，将珠尔墨特那木札勒传唤到驻藏大臣的官署听宣。正当珠尔墨特那木札勒跪拜听诏的时候，早有预谋的傅清便从后面挥

刀将其砍死，然后一并诛杀随侍进入的数名侍从。只不过其中有一名珠尔墨特那木札勒的亲信跳楼而下逃过一死，然后立刻跑回去率领数千名手下回来围攻官署，并与衙署官兵发生激烈的战斗。最后拉布敦在混乱中被乱刀砍死，傅清则在身中数枪之后自尽身亡，署内的所有大清官员也尽皆遇害，库银亦同时被劫去八万五千余两，目前西藏的局势可说是非常紧张。

清军入藏　动乱已平

研拟废除藏王　提升驻藏大臣地位

乾隆皇帝弘历才担心傅清及拉布敦行事过于鲁莽，便果不其然地收到了西藏已经发生叛变的消息。为免事态继续扩大，清廷只好立刻命四川总督策楞、四川提督岳钟琪率领重兵进入西藏，准备以强势的武力来敉平这场动乱。不过早在清军抵达之前，西藏方面的地方首领也发现情况即将失控，为了避免遭到清军的全面攻击，造成无辜的伤亡，达赖喇嘛便已先行委托珠尔墨特那木札勒的妹夫班第达，暂时代管西藏的所有事务，并在最短时间内，将带头攻击衙署的叛乱分子擒获，同时也追回了大部分被抢走的库银。于是策楞在抵达拉萨，会同班第达审讯之后，便把带头叛乱的十人以叛国罪处死并没收家产，迅速地平定了这一次的动乱。据闻，弘历在追赠傅清、拉布敦为一等伯之后，已经打算废除藏王，提高驻藏大臣的地位，使其不但与达赖喇嘛共治西藏，甚至其重要性及地位还要高于达赖喇嘛。目前清廷已派出侍郎兆惠，启程远赴西藏办理这些善后事宜。

年度热搜榜

乾隆仿照康熙　展开首次南巡

政府发言人日前公开表示，为了仿效圣祖康熙六次南巡，乾隆皇帝亦决定于元月二日，展开首次的南巡之旅，以巡视河工，同时体察民情。这次的南巡以大学士傅恒为南巡行营总理，圣驾届时将会行经直隶、山东、江苏、浙江等地，并以巡视高家堰的水利工程为行程重点，预计于五月初返抵京师。同时，此行也将蠲免江苏、安徽、浙江等地共二百余万两白银的积欠或应征税额，

为了迎接皇帝的南巡，地方官员可以说是铆足了劲在做准备

给我用牙刷刷到发亮。

是！

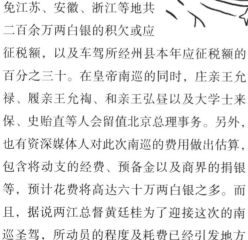

以及车驾所经州县本年应征税额的百分之三十。在皇帝南巡的同时，庄亲王允禄、履亲王允祹、和亲王弘昼以及大学士来保、史贻直等人会留值北京总理事务。另外，也有资深媒体人对此次南巡的费用做出估算，包含将动支的经费、预备金以及商界的捐银等，预计花费将高达六十万两白银之多。而且，据说两江总督黄廷桂为了迎接这次的南巡圣驾，所动员的程度及耗费已经引发地方上的民怨沸腾。而御史钱琦也对此提出质疑，并奏请皇帝应在回銮之后派人前往清查是否有因此而国库亏空之情形。不过乾隆帝已经批示说此事虚实未定，根本不打算理会这种泼冷水的说法。看来，皇帝嘴上一再说要讲求节约，一切要以务实为主，但心里面想的却是要大臣们把场面办得越盛大越好。群臣的眼睛可都亮得很，知道皇帝喜欢搞排场撑气派以后，只怕今后若再要南巡的话，场面可能会一次比一次盛大，而要砸下的银两也得急速攀升了。

进呈著作等封赏　字句不妥赔性命

这年头有许多人为了出名，或想破格获得朝廷的重用或赏赐，所用的方法真是无奇不有。日前江西有一位生员刘震宇，就想把他所著的《治平新策》一书，通过地方政府进呈给皇上，看能不能就此平步青云，或是得到什么奖赏。结果这本书到了省城，竟被湖南巡抚发现书中有一些说要变更衣服制度等的主张，而被以内容悖乱给举发了。原本官员只是建议将刘震宇给黜革杖责并发回原籍，结果乾隆帝在看了奏折之后，所下的裁示比这还狠，直接就下令两江总督将这本书的书版焚毁，然后将等着接受封赏的刘震宇给处斩了。

孙嘉淦伪稿批评时政　乾隆帝下令全国搜捕

贵州地方日前查获了一件批评皇帝南巡之弊，同时为张广泗鸣不平的奏折。这件署名为孙嘉淦，上面还有皇帝朱批的《五不解十大过》奏折，在经过相关单位调查比对之后，发现根本就是篇伪造的稿件。由于孙嘉淦在乾隆元年（一七三六年）的时候，曾经上过一篇《三习一弊疏》奏折，劝皇帝要时时事事常

这真的不是我写的，我的字没有这么丑啦……

……

存不敢自是之心。后来他又历任工部尚书、代理翰林院掌院学士等政府核心职务，在社会上有着相当高的声望，所以便有人假借其名，写了这篇对当今皇帝多有批评的奏折，并在地方上广为传阅。这件案子提报到中央之后，乾隆皇帝简直气得七窍生烟，并立即通令各省扩大追查涉案嫌犯。目前光是四川一地，因此案遭到牵连逮捕的就有二百八十余人，而且搜捕行动范围还在持续扩大。

年度热搜榜

灾情特报 直隶山东江南　爆发严重蝗灾

在直隶总督方观承上奏所属东光、武清等四十三个州县，蝗蝻萌生为患之后，山东的济南等八个府，以及江南的上元等十二个州县，也都陆续上报有作物被蝗虫啃食精光的灾情。这次爆发的全国性大规模蝗灾，将对灾区的农业经济造成严重破坏。不过幸好政府在各地的存粮都很多，在开仓赈济之后，应该可以有效稳定灾区的粮食供应问题。

马朝柱自封军师　未起事遭缉瓦解

郿州知府李泌在日前破获了一桩武装叛乱案，首谋分子马朝柱被查出曾在几年前便宣称

我在山洞里找到了神要赐我的宝剑。

那不是你店里的那把吗？

前天卖掉了。

他在山洞中得到了上天所赐的兵书、宝剑，甚至是镇天旗等神奇物品，接着又向大众宣传说现在于西洋地区已经有人扶持前明的幼主朱洪锦起兵反清，而他本人就是拥有天命的军师，然后又在众目睽睽之下，从山洞中取出预藏的铜剑、军令、铜枪、铜镜等道具，诓骗了许多无知的百姓信以为真地口耳相传并纷纷出钱入伙。而马朝柱在筹集了足够的资金后，也于今年年初开始发散诏札、打造兵器，准备起事。不过由于动作太大，很快便引起官府注意，马朝柱只好提前带着一百多人逃到山上企图与官军对峙。只不过才两三天的时间，当初那些跟着他上山的人便渐渐跑光了。到官军要进行围剿时，这个团体早已自动瓦解。目前政府已经逮捕了二百余名参与其事的人，但主犯马朝柱却已逃逸无踪，仍未寻获。

准噶尔内部谋变失败　兄杀弟戏码再次上演

准噶尔部内斗的戏码又继续上演，在噶尔丹策零的长子喇嘛达尔扎杀死弟弟纳木扎尔而夺得汗位之后，又有贵族企图拥立噶尔丹策零的幼子策妄达什争位。只是这次的阴谋被老哥喇嘛达尔扎识破，所以他先下手将弟弟策妄达什杀死，然后追捕相关的叛党。于是参与这次叛变行动的贵族达瓦齐，以及辉特部的阿睦尔撒纳只好逃往哈萨克。目前喇嘛达尔扎已发动了三万大军前往哈萨克，准备来个斩草除根，永绝祸患。

皇帝临时考射箭　官员普遍不及格

自乾隆六年（一七四一年）弘历开始恢复木兰行围后，这项非常重要的军事演习兼狩猎活动，几乎每年都会定期举办。这次相较于往年不同的是弘历在途中忽然一时兴起，要随行的王公大臣们全都来个随堂考，测验一下大家的骑射能力。只是这次的抽考，因为事出突然，所有人都没有准备。或许在这种承平时代，官

今天要来个临时抽考。

员们都过惯了好日子，根本不把日常练习当回事，所以当天的成绩可以说是非常难看。其中宗室永谦虽然射中三箭，但因为姿势过于难看而被责骂。侍读学士希贵、副都统祥泰等人，则是射得零零落落，不是脱扣射不出箭，就是箭势软弱而于中途坠地，结果就被罚俸一年。不过这些处罚还都算轻的，副都统四十六便因为实在射得太烂而被革职，副都统李世倬则不但被革职，还得再罚俸两年，真是难以想象他的成绩到底烂到什么地步。只有侍郎观保因为每发必中，而被擢升填补四十六革职后所空出来的副都统一职，并仍兼侍郎衔以作鼓励。看来，大臣们应该会有一段时间都在家里狂练骑射之术吧。

平白挖到银子　糊涂丢掉性命

江西地区有一位以耕种烧炭为生，名叫何亚四的贫苦农民，在年初种地的时候，意外地从土中刨出了三百七十两白银，还引起了乡里之间的轰动。消息传开之后，一个名叫李德先的算命师便来到村子中，然后以其命中注定大富大贵，而怂恿何亚四说什么他有皇帝命，上天要把江山送给他等话。这何亚四本来就只是个没见过世面的乡野愚夫，被这么一灌迷魂汤，便傻乎乎地把挖到的银子全都拿给李德先去买锡铸印、打造兵器，然后又制作了两面青缎镶边旗，上书"齐天大圣"等字，然后还自称为天将，并以李德先为左丞相，诱使那些无知的乡民一同入伙起事。不久，这个消息就传到了江西巡抚鄂昌耳中，官兵因而立即前往缉捕。而整件事情的结果当然可想而知，何亚四不但挖到的银子没了，自己被处以极刑，还连累了许多乡亲。也难怪从小老师就一直告诫我们，不属于自己的东西千万不要拿。

阿睦尔撒纳的逆袭　达瓦齐意外继汗位

达瓦齐在阿睦尔撒纳的支持下意外坐上了准噶尔大汗的宝座

被卷入准噶尔部内斗的阿睦尔撒纳，因为在逃往哈萨克之后，准噶尔汗喇嘛达尔扎仍然穷追不舍，所以只好决定反击以求自保。于是阿睦尔撒纳便亲率一千五百人的精锐部队，裹粮昼伏夜行，由山路小径突入伊犁，一举杀死了毫无防备的喇嘛达尔扎。但因为阿睦尔撒纳只是策妄阿拉布坦（前准噶尔汗噶尔丹策零之父）的外孙，本身并非准噶尔部的直系血统，所以他自己知道如果此时取汗位而代之的话，一定没有办法得到贵族们的支持。于是他灵机一动，便决定转而拥立当初和他一起逃往哈萨克的达瓦齐为大汗。不过，已经有评论家特别指出，达瓦齐虽然是贵族出身，但在各方面的能力都明显不如阿睦尔撒纳，如今只是因为阿睦尔撒纳一时的权宜而坐上准噶尔汗的大位，未来能否有效地统御各部族，而阿睦尔撒纳又能否长期居于人下，种种问题都是很令人怀疑的。

年度热搜榜

【乾隆十八年】公元一七五三年

伪稿案宣布侦结　官方竟草草结案

历时一年七个月的孙嘉淦伪稿案，在拘押了成百上千名的嫌犯，并经过漫长的审查之后，官方已于日前正式宣告结案。在判决书中指出，本案经过查明后，已确认首犯为江西千总（军事指挥官）卢鲁生与南昌守备（军事指挥官）刘时达。两人于乾隆十五年（一七五〇年）时，因为办理关于皇帝南巡时的准备工作而贴补了不少钱，所以便希望皇帝今后能停止巡幸，免得每次他们都得赔钱办事，于是就伪编了一件以孙嘉淦为名的《五不解十大过》奏稿，在开会的时候传给众人翻阅，并要求书办彭楚白传抄。本案因罪证确凿，已判决卢鲁生凌迟处死，其子卢锡龄、卢锡荣，以及刘时达均处以斩监候，其他各省传抄嫌犯因人数过多，政府本着宽大为怀的理念决定全部释放。法律学者表示，其实本案仍有许多疑点尚未厘清，根本不具有审结的条件。但或许是因为时间已经拖得太久，开始对社会造成一些不良影响，所以才会在乾隆帝的要求下，停止追查的行动，直接将卢鲁生、刘时达定为捏造伪稿的首犯，以草草了结此一大案。同时，为免伪稿中的不实言论损及皇帝尊严，政府也已下令将查获的所有伪稿全数销毁，不准留存。所以在判决书中及其他所有档案中，都看不到伪稿的实际内容，到底这篇伪稿写了些什么，竟能掀起如此大的风波，可能将会变成一道永远也解不开的谜题了。

英商建请
取消保商制度遭拒

　　由于来华贸易的英国商人对乾隆十年（一七四五年）开始实施的保商制度多有不满，早就想找机会向大清官方说明此事。于是英国商人洪仁辉在日前便趁着粤海关监督李永标丈量英船尺寸的机会，将一份已经译成中文的英商禀帖呈递给李永标。这份提出了取消保商制度等七项要求的禀帖，不但随即被李永标驳回，还被威胁说要惩办帮忙翻译禀帖之人。听说碰了一鼻子灰的英国商界对此十分不满，已打算另谋方法，试图打破这个让他们利益蒙受损失、处处带来不便的保商制度。

水浒西厢诱人为恶?!
政府下令禁翻满文!!

　　专营满文翻译书籍的出版业者表示，因为政府相关单位认为满文版的《水浒传》以及《西厢记》等小说，其中的内容有诱人行恶犯罪的嫌疑，已经严重影响了满洲人的习俗，所以已经下令将这些书籍全数查禁，不准上市销售。同时相关部门还展开大清查，一并烧毁了所有未经政府核准而自行由汉文翻译成满文的书籍。学者表示，政府的这项查缉行动，不但让出版业者蒙受巨额的损失，也使得满文书籍的内容不够多元化。若以久远的眼光来看，此行动将会迫使满洲文化一步步走向更狭隘的小路。

政府认为满文版的《水浒传》等小说会诱人犯罪而加以查禁

123

流年不利　大水飞蝗成灾

据江南地区不久前所传来的消息，南运河的高邮、邵伯、车逻坝等处，因为承受不住大水的冲击，堤防已经决口数十丈，滚滚洪水从这些地方宣泄，使得邻近低洼的田地全部都淹没成灾。中央政府在闻讯之后，已下令由全国各地调拨不下百万石的米粮以作赈济之用，同时并拨银二百万两，要求工程部门用最快的速度修复堤岸，以保障百姓的生命财产安全。但灾情并不止于此，去年就爆发的大规模蝗灾，今年再度来袭，直隶、山东、江南等地又成为灾区，百姓可说是苦不堪言。

阿睦尔撒纳欲共治　达瓦齐拒绝
双方反目发兵互攻　准噶尔内斗

达瓦齐在阿睦尔撒纳的拥立下成为准噶尔汗之后，以他的声望及能力果然没有办法服众，没过多久便又有贵族起来反对他。所幸实力较强的阿睦尔撒纳仍然对他全力支持，以重兵击败了对手而让达瓦齐能继续稳坐汗位。只不过接下来，又变成阿睦尔撒纳因为居功自傲，而提出了与达瓦齐分治准噶尔的要求。就在此项要求被达瓦齐严词拒绝之后，双方便爆发了严重的武力冲突，目前这场战斗仍在持续进行。而清廷方面也有自己的打算，据说乾隆帝已准备趁着准噶尔内乱的机会，于明年秋高马肥之时发兵进攻。

分我一半啦。

不要！

阿睦尔撒纳提出与达瓦齐共治准噶尔的要求被拒之后，双方已闹僵翻脸，爆发了严重的武力冲突

【专题报道】地方行政单位

我的！

我的！

总督与巡抚的职掌有许多重叠之处

别客气了。

您留着吧。

地方行政机构可分为省、道、府（直隶州、厅）、县（普通州、厅）四级，而其官制分别为：

省。 一省或数省设总督，掌吏治军民、综治文武、察举官吏、修饬封疆。每一省设巡抚，或由总督兼任或受总督领导，但两者之间并无直接的隶属关系，彼此也具有相互监督的功能。总督及巡抚最初的职权为监督，后来随着时间演化，开始视所加的职衔（如右都御史、兵部尚书等）增加权力，成为掌控地方军政、财务、民政的封疆大吏。

督抚以下设：

一、承宣布政使司（又称藩台），主管一省之民政、财政及人事。

二、提刑按察使司（又称臬台），主管一省之司法、刑狱、纠察。

三、盐运使（只在奉天、直隶、山东、两淮、两浙、广东、四川等产盐省份设置），专司盐政。

四、提督学政（又称学台，由翰林院或进士出身的京官委派，任职期间虽保持原品级，但地位与督抚平行，并按钦差待遇），主管一省之教育、科举、考试。

道。 设道员（又称道台），又区分成介于省、府之间的行政长官（如热河道、天津道、大名道等），以及有特定业务的专责官员（如粮储道、盐法道、兵备道、河工道等）两种。

府。 设知府，上隶于省，下则督率所属州的兵官，但重要事项必须经总督、巡抚许可才能施行。与府平行的还有直隶州（设知州）。

州、县。 辖区较大的为州，设知州，辖区较小的则为县，设知县（正七品）。知州与知县皆为直接面对百姓的临民官，主管辖区内的一切政事、司法、农事、治安、教育等所有事务，可说是无所不包。

年度热搜榜

各省汉军出旗为民　自谋生计

为了有效解决八旗子弟的生计问题，政府批准各省的八旗汉军，依照乾隆七年（一七四二年）在京汉军之前例，出旗为民。但前后两次不同的是，当时京旗是采取自愿报名的方式，有一千多名八旗汉军出旗。这一次则是强迫性的，除汉军水师暂留，令满洲兵随营学习外，其余各省的八旗汉军一律出旗或转为绿营士兵。汉军出旗之后，虽然不再享有八旗的身份及待遇，但却可以自由从事务农或买卖等行业以自谋生路，不会再有只能依赖一份军饷而养不起一家子人的窘境。分析家指出，这项政策的实施，最主要还是为了在京八旗满人的生计问题，因为弘历认为汉军本来就是汉人，出旗后谋生容易，适应问题较小。而各省汉军出旗后所腾出来的空缺，就可以派京城的满洲旗民前往接任，如此便可解决满洲京旗人口日众，又无以营生的困境。

> ！

> 走！我带路！

> 哦……那太好了。

紧紧抱住

夺权失败的阿睦尔撒纳归附大清国，并建议乾隆于明年春天时进军准噶尔，以扫除达瓦齐的势力

阿睦尔撒纳投清 明春进军准噶尔

准噶尔的内部争斗，在今年二月时终于分出了胜负，原本被看好的阿睦尔撒纳，竟然意外地被占有汗位优势的达瓦齐打败。阿睦尔撒纳在失败之后别无他法，只好带了五千人的部队以及两万余名的百姓举数内迁，归附于大清国之下。清廷在闻讯之后迅速将其安置妥当，乾隆皇帝弘历还打破冬天留在北京的惯例，特别花了三天的时间，冒着隆冬风雪前往热河的避暑山庄，接见前来觐见的阿睦尔撒纳一行人，并听取了他们对于进攻准噶尔部的意见。会谈中，阿睦尔撒纳建议应该把进攻的时间提前到明年（一七五五年）春天，因为那时春草初生而彼马未肥，将使得达瓦齐在受到大军突击之后无法远遁，如此定可一举成擒。弘历听了这个建议之后，认为现在哈萨克与准噶尔之间也刚好发生了一些军事冲突，所以可以利用这个机会，依阿睦尔撒纳的建议，定于明年春天挥军大进。

【专题报道】厄鲁特蒙古

"厄鲁特蒙古"指的就是大漠西部的蒙古民族，也就是明朝时期所称的"瓦剌"，在清代以后则称为厄鲁特、卫拉特或是额鲁特。大约在明代中期以后，厄鲁特又分为和硕特、准噶尔、杜尔伯特、土尔扈特四部。清初准噶尔部开始崛起，其他各部纷纷归附到其统辖之下，所以厄鲁特部与准噶尔部便又成了同义词。

远征军兵分两路　运粮食困难重重

在决定明年兴兵征讨准噶尔部之后，清军的准备工作已经进入了紧锣密鼓的阶段。这次的行动，改变了以往把八旗军当作主力的部队配置，而改由新归顺之厄鲁特兵士来当作主攻。计划中大军将分成两路合击，其中北路军有三万兵力，以班第为定北将军，阿睦尔撒纳为定边左副将；西路军则有两万兵力，以永常为定西将军，萨喇勒为定边右副将。在后勤补给方面，则调刘统勋前往巴里坤负责建立台站、转运粮草等工作。不过碍于粮草筹措及运送实在极为困难，所以乾隆帝这

老婆，今天晚饭呢？

刚被一个人借走了。

谁啊？

不认识，他说是乾隆的人。

妈咪……肚子饿。

借？会还吗？

他说会啊。

笨死了，你怎么连乾隆的话都信……

由于粮草运补困难，乾隆允许军队暂时借用蒙古民众的粮食，待日后再归还，但此举恐将引起不小的民怨

次也打破以往不准军队扰民的规定，允许官兵沿途打牲，或宰杀疲乏牲畜食用，甚至在必要的时候，也可以暂时借用蒙古民众私有的牲畜，待将来再另行补偿。不过此项做法因为过于冒险，并且会严重侵害百姓的权益，所以大臣们纷纷持反对意见，其中尤以刘统勋立场最为坚定。但弘历认为自己所想出来的妥善对策，竟然有那么多人反对，心里觉

得很不是滋味，在赏了一顿痛骂之后，才让官员们乖乖闭嘴。不过连评论家也对此提出警告，认为在战场上暂时借用蒙古民众粮食的做法，虽说将会补偿，但其实大家都心里有数，根本就是拿走就回不去了。而当这些蒙古牧民赖以为生的牲畜、毛皮、毯子等，都被以动员征用的方式夺走之后，恐怕到时积累的民怨，又将引发一场反清大战。

年度热搜榜

一把心肠论浊清　内阁学士竟丧命

近年来，猛烈的文字狱旋风，竟然也刮到了当朝高官身上。日前内阁学士胡中藻因所著的《坚磨生诗钞》中，被查出有悖逆语句，而被乾隆帝下令处死。为其作序、刊刻的侍郎张开泰则被革职，与胡中藻交情匪浅的原广西巡抚鄂昌亦被责令自尽。从判决书内容可发现，胡中藻被起诉的原因是在一诗中写了"一把心肠论浊清"这句话，就被认为是故意在国号"清"上加个"浊"字，极尽诬蔑之意。又有"老佛如今无病病，朝门闻说不开开"等句，则被认为是讥讽皇帝朝门不开，"并花已觉单无蒂"则被指讽孝贤皇后之丧。而如此牵强的证据，却直接将相关人等判了死刑，使得汉人文官个个都开始心惊胆战。因为现在大家都普遍认为，皇帝是有意借此文字狱，扩大打击汉族大臣的势力。

129

清军将领阿玉锡仅以二十五名骑兵突袭达瓦齐万余人的部队，结果却令对方溃散奔逃

哇……哥斯拉来了，快跑啊……

二十骑突袭　万余军溃散　达瓦齐兵败被俘

由于准噶尔汗达瓦齐在击败阿睦尔撒纳之后，便一直都把重心放在与哈萨克的征战当中。所以从今年二月初清军进兵以来，达瓦齐始终都没有发现。一直到五月，大清的西、北两路军团已经开抵距离伊犁仅三百里的博罗塔拉河会师时，达瓦齐才忽然惊觉。但事已至此，达瓦齐根本就来不及布防了，所以只好带领万余人的部队避走到格登山去。不久，清军也逼近了格登山，阿睦尔撒纳派阿玉锡带了二十多名士兵前往侦察敌情。阿玉锡在夜色掩护之下欺近敌军大营，发现敌军竟然完全没有防备，于是便直接突入。结果达瓦齐部众不知虚实，一听敌人来袭，以为是清军主力已经杀到，竟惊恐溃散、自相践踏。达瓦齐眼见部队失控，便在仓皇之中带着两千余人往乌什逃去，而阿玉锡竟破纪录地以二十多人俘获四千余众而归。一个月后，其部众因为慑于清军兵威，为求自保，便设计将达瓦齐等人绑赴定北将军班第帐前，于是准噶尔战事至此结束。而随此胜利而来的，还有附加的惊喜：其一，在雍正初年逃到伊犁的青海和硕特部领袖罗卜藏丹津，也在此役中一并被擒。其二，哈萨克汗阿布赉在与清方接触后，已表达愿意臣服入觐之意。

准噶尔蒙古平而复叛　阿睦尔撒纳纠众反清

清军在轻松攻占伊犁之后，认为新疆全境已经平定，所以为了减少军粮及各项经费的支出，遂开始将北路军的兵马撤回，仅留下五百名兵士跟随定北将军班第处理后续事宜。而原本心中早就暗自盘算，只想借着清军的力量除掉达瓦齐，然后接管整个厄鲁特的阿睦尔撒纳，一见清军留存的兵力少得可怜，便开始拉拢各部的头目准备自立门户。只是这些可疑的行动，在不久之后便被班第发现了，并迅速向中央回报。乾隆皇帝弘历在得报之后，知道事态紧急，便立即采取了应对措施。他一方面密令班第寻找机会逮捕阿睦尔撒纳；另一方面又派出使者要求阿睦尔撒纳前来入觐，准备在热河的避暑山庄将他逮捕。不过班第在收到密令之后，因为身边可用的兵士实在是太少了，所以也不敢贸然采取行动，只能催促阿睦尔撒纳尽快动身入觐，同时让喀尔喀亲王额琳沁多尔济与其同行并加以监视。不过在这种敏感时刻，阿睦尔撒纳也是步步为营，他知道清廷绝不可能就这样把整个准噶尔交到他手上，于是便在半途摆脱同行的额琳沁多尔济，然后借故潜逃而去。等到额琳沁多尔济发现时，已经来不及追赶。阿睦尔撒纳安全脱身之后，便集结了各路的支持者正式反叛，以强大的军事力量围攻班第的驻所。军事分析家表示，

目前伊犁的情况虽然危急，但清军在穆垒还有定西将军永常的五千八百名西路军驻守，加上当地反对阿睦尔撒纳部落的也还有数千人的力量，如果西路军即时赴援的话，应该可以很快压制住阿睦尔撒纳的叛军。

成语解析

借刀杀人

今天我们要介绍的是这个成语……

可恶……你这家伙。

阿睦尔撒纳借清军之力除去达瓦齐之后，集结了各路的支持者正式叛清

定西将军永常一听到阿睦尔撒纳叛变的消息便急忙撤退，使得定北将军班第因力战无援而死

> 阿睦尔撒纳已经叛变了，弟兄们，准备好你们的家伙，我们要出发了……

> 终于要出战了吗？看我大显身手……

> 你们在干吗……我快要撑不住了。

> 傻瓜！我们是赶快逃命……动作要快。

西军擅自撤退　班第无援自尽

定北将军班第在遭到阿睦尔撒纳的重兵围困之后，因为双方兵力悬殊，所以只好率领着仅有的五百名兵士从伊犁突围，然后边打边跑，一直战斗到乌兰库图勒附近，但最后仍然不敌而陷入敌军的重围之中。由于唯一能够及时解危的西路军自始至终都不见踪影，所以战斗到再也撑不下去时，副将军萨喇勒也被叛军俘虏。而班第与参赞大臣（高级官员）鄂容安也因力竭而选择了自尽这条路，其余的清军兵士则全数力战身死。原本可以力挽危局的西路军到底跑到哪里去了呢？原来，定西将军永常一听到阿睦尔撒纳叛变的消息，便带着属下所有的部队，以很快的速度撤退到巴里坤去了。当时负责后勤补给的刘统勋还不知道永常已经逃跑了，还上疏建言说在主力军队抵达之前，应该暂时把军队撤至哈密以避免更大的损失。然而此时的乾隆帝，正为阿睦尔撒纳的叛乱及班第战死之事而处于气头上，刘统勋的建言简直就像是火上浇油一般。于是乾隆下令将刘统勋与擅自撤军的永常一并逮捕治罪，同时也把刘统勋留在京城的眷属刘墉等人都逮捕入狱，连家产也一并查抄精光。

张廷玉辞世　仍配享太庙 ·············

呼，好险。

五年前（一七五〇年）被弘历给罢去配享资格，以大学士衔退休的张廷玉已于日前在家中去世，享年八十四岁。弘历一听到这个消息之后，回想起张廷玉一生为国家所作的贡献，也觉得自己对他的处分确实是重了些。于是便宣布宽免张廷玉之前的一切过失，仍命其配享太庙，恤典如常，并赐予谥号"文和"。张廷玉折腾多时，几经反复的配享事件，就此拍板定案，也使他成为大清唯一可以配享太庙的汉人。

清军再起　形势逆转变有利
无辜入狱　刘统勋获得释放

为了应对阿睦尔撒纳之叛，清廷下令以策楞为定西将军指挥西路军，与哈达哈率领的北路军再次合攻伊犁。而当声势浩大的清军再度挺进之后，许多之前反叛的部落又纷纷倒戈重回清廷怀抱。其中包括之前降敌的副将军萨喇勒也重新归队，并带来许多叛军的内部情报。于是，到了大雪严寒之时，情况又逐渐演变成对清军有利。另外，弘历在震怒过后已经恢复冷静，认为刘统勋原本只需负责粮饷、马驮等后勤补给之事，行军打仗并非他的职责，但他却能奋勇任事，不怕获罪而提出建言，所以便传谕释放刘统勋及其家人，并退回抄家的财产，然后又反过来大大地嘉勉了他一番。

在一阵拉扯之后，现在局势已经转变成对清军有利了……

红旗捷报！阿逆被俘？
结果又是乌龙一场　准哈二部联手抗清

有持续多久，就在弘历高兴地去泰陵（清世宗雍正帝陵）向先父报告这个大捷的好消息时，前线又传回消息，证实这只是个乌龙事件。原来在定西将军策楞沿路追击阿睦尔撒纳，而双方的差距拉近到仅剩一日路程时，阿睦尔撒纳为了争取逃命的时间，便派人传了个他已被活捉的假情报给策楞。结果策楞一时过于高兴，根本没有加以查证便命大军停止前进，然后派人持着代表获胜的红旗快马加鞭回京向清廷告捷。于是阿睦尔撒纳便利用这个时机，趁机远遁，跑到哈萨克去了。最新的情报显示，阿睦尔撒纳已经得到哈萨克汗阿布赉的支持，双方正式结盟准备共同抵御清军。而

原先由前线所传回的红旗捷报，又被证实根本只是乌龙一场

二月时，正在东巡路上的乾隆皇帝弘历，收到西路军持红旗所传回的捷报，说叛逆阿睦尔撒纳已被活捉。但是这胜利的喜悦并没丧失一次大好机会的清军，只好再由达勒党阿、哈达哈分领西、北两路大军继续进征哈萨克。

134

官员宁枉不敢轻判　疯汉文字狱将激增

政府日前拿获一名叫作刘德照的疯汉，屡屡在市街之中预言祸福之事。原本官府有意以其心神丧失而处以较轻的刑责（其实都是死刑，只是死法不同），也不罪及家属。但因随后又于他家的墙洞中，搜出好几张写着"兴明兴汉""削发拧绳"等悖逆之语的字帖，所以承办官员不敢大意，便立刻将此事向上呈报。乾隆帝为此传下谕旨，表示如果只是疯言疯语、诓骗乡愚或地方生事，那只将其杖毙即可，但如果有讪谤本朝、大逆不道的情形，则务必不得轻放，除要依法定罪外，妻小也都要连坐处分，不得以疯癫无行为能力轻判。地方官收到这样的指示之后，哪里还敢有别的选择，立马将他判以凌迟处死，家属也依律受到连坐处分。法学教授表示，此例一开，今后凡涉及敏感议题的，应该也不用再去判定到底是真疯还是假疯，大概都会直接判处最重的刑罚。看来，所谓的"疯汉文字狱"案件，从今以后势必会激增了。

为求容易上榜
南人冒捐北监

自古以来，只要有学生便有考试，有考试便一定有人作弊。读书人为了在科举考试中金榜题名，投机取巧的方法可谓无所不用其极。除以重金贿赂主考官员，或是采取夹带小抄等常见的舞弊方法外，也有人游走于灰色地带，专挑法律漏洞下手。日前，就有御史举发说有江南一带的读书人，故意跑到北方以捐监（捐钱以换取考试资格）的方式取得北方学籍，然后避开学风较盛的南方考场，改成参加竞争性没有那么高的北方考场，以提高自己上榜的概率。而且，利用这种手法应试的考生，在口耳相传后，似乎有越来越多的趋势。中央政府经讨论之后决定，日后如果再查出有南人冒捐北监者，一律严惩并撤销其录取资格。

你要转学吗？

是啊，我妈要我转到比较弱的学校去抢保送名额……

前往回部招抚霍集占兄弟的副都统阿敏道将大军撤回后只带少数兵力入城，结果立即遭到捆绑

回部兄弟疑有反意　清方前往库车招抚

　　长期被噶尔丹策零拘禁的领袖布拉尼敦及霍集占两兄弟，在之前清军攻入伊犁时重获自由，并在政府许可下继续统领属民。不过，他们却趁着阿睦尔撒纳叛乱的时机，率领数千名属众逃回叶尔羌和喀什噶尔，准备争取附近各城的支持，然后脱离准噶尔部及大清国的控制自立。定边右副将军兆惠闻知回部的形迹有可疑之处，便派副都统阿敏道率一百名索伦兵及三千厄鲁特兵前往招抚。但当阿敏道来到库车时，霍集占却紧闭城门，还说怕阿敏道的大军会对其不利，所以不敢开门，只要阿敏道肯先将大军撤回，便会大开城门迎接。于是阿敏道便令随行的三千厄鲁特兵撤回，然后只带着一百余名索伦兵入城安抚回部。在阿敏道入城之后，库车城又将城门紧闭，所以记者也无法探得其中真实的情况。不过，已有传闻说阿敏道一进入城中，便被霍集占给绑起来了，只是目前仍无法获得证实。真相到底如何，记者将会继续做追踪报道。

清军袭杀投诚者　厄鲁特全境叛乱

虽然在七月的时候，西路军的达勒党阿在雅尔一带漂亮地击败了阿睦尔撒纳的数千部众，并临阵斩杀了将近一千人，而由阿布赉率领来援的一千名哈萨克士兵，也遭到了大清北路军的痛击，但是新疆整体的情势却仍在持续恶化。在年初乾隆皇帝弘历以疏纵罪处死了之前受命监视阿睦尔撒纳但却被其逃走的喀尔喀亲王额琳沁多尔济之后，又意外地引起了部分蒙古贵族的疑虑

好饿啊，帮帮我吧

放心，我绝对不会让你"饿死"的

清军袭杀投诚者而引发了厄鲁特全境叛乱

与不满。于是在辉特部贵族青滚杂布的煽动之下，许多蒙古部众便纷纷叛变，使得北路战场陷入一片混乱之中。加上清军这次的征战行动，因为考虑到军粮运输上的困难，所以采取了向当地百姓暂时借取粮食牲畜的方法。而许多被抢走牲畜的蒙古百姓，就因为这样而被活活饿死，也让当地的老百姓没有一个不对清军恨之入骨的。而西路战场方面的辉特汗巴雅尔，竟也趁机举兵反叛，使得西路军陷入了疲于奔命的窘境之中。与此同时，原本立场倾向政府的和硕特汗，因为统辖下的部众已经无以为食，所以只好率领着所属兵民前往清军在巴里坤的大营请求接济粮食，但参赞大臣（高级官员）雅尔哈怕衍生出其他问题，竟然在将其安置并答应提供

粮食之后，在半夜里偷偷地派兵加以袭击，将原本以为已经逃过一劫的和硕特部四千余人全部杀死。这个消息传出之后，便激起了准噶尔汗噶勒藏多尔济等人的复叛，最终还演变成厄鲁特部全境的大叛乱。根据本报记者的深入调查，雅尔哈之所以会袭杀降众而引发这么大的事件，竟然是由于清军的内部斗争所引起的。原来雅尔哈与负责军粮供应的黄廷桂之间素来不和，于是黄廷桂便暗中推迟粮食的供应，逼得雅尔哈的兵士们只能去捡草叶为食。而雅尔哈在自己手下的人都吃不饱的状况下，哪里有办法再满足接济和硕特部粮食的要求。为了避免和硕特部因求不到粮食而造反，他便先下手杜绝后患，才最终酿成厄鲁特全境的叛乱。

年度热搜榜

二次南巡　百姓叩阍

告状小民下狱严审　匿灾官员革职处分

虽然西路军情万分紧急，但是弘历却仍按照原定计划，于今年元月展开了第二次的南巡。当圣驾一行抵达徐州时，因告病在老家夏邑休养的前江苏布政使彭家屏依例前往接驾。

哪有这样的……

虽然匿灾的官员已被革职，但告状的小民却也遭到下狱严惩

弘历在接见他的同时，顺便询问了一下当地的民情，结果才从彭家屏的口中得知，河南去年因为水患成灾而导致农作物歉收，使得百姓的生活几乎到了无以为继的地步。于是弘历便传旨询问河南巡抚图勒炳阿这件事，但是所得到的回复却与彭家屏所述有相当大的出入。图勒炳阿表示仅有少数地方还有积水，而作物也仍有将近百分之七十的收成，所以暂时还不需要由政府给赈。于是这件事情也就这样被暂时搁下。可是到了回程再次经过徐州时，又有民人先后跪于御道叩阍告状，指称河南地区灾情惨重，而地方官不但匿灾不报更有散赈不实的情形。这一次，乾隆帝虽然派人微服下乡去访查真相，但却把告状陈情的小民给逮捕下狱严审。因为弘历认为，州县官是小民的父母官，哪有子女状告自己父母的。在严刑逼供之下，告状的小民供出是受到夏邑县生员段昌绪、武生刘东震二人指使，还拿了他们提供的好处，弘历便下令拘提二人严审并抄家检查。与此同时，之前受命微服出访的官员回报说灾情果真如告状者所言十分严重，夏邑、永城、商丘、虞城四县连年歉收，积水未涸，根本无法下田耕种，百姓的生活可说是已到穷困潦倒，惨不忍睹的地步。最后乾隆便将河南巡抚图勒炳阿、夏邑、永城知县等人，都予以革职处分。

厄鲁特突发痘疫　政府军平定叛乱

三月，清军第三次向伊犁挺进，不过这次并未遭到预期中的顽强抵抗。原因是厄鲁特人因为连年战斗又加上天灾导致牲畜大量死亡，所以各部族之间已经失去了抵抗清军的斗志，反而演变成叛军之间因缺粮而相互抢劫的局势。另外，由于准噶尔汗噶勒藏多尔济在部族内斗中被杀死，加上向来不出痘的厄鲁特人竟然因痘疫（天花）暴发而造成大量的死亡，所以清军这次几乎不费吹灰之力，便很快地平定了乱事。据统计，原本共有二十余万户的厄鲁特部蒙古，因出痘死了大约百分之四十之后，有百分之二十逃入沙俄境内以避兵祸，另外的百分之三十又在战乱中死去。

厄鲁特暴发严重天花疫情

阿敏道库车被杀　霍集占回部反清

之前仅率领百名兵士进入库车城招抚回部的清军副都统阿敏道在刚进城的时候，就被回部领袖霍集占等人给限制了自由。只是后来阿敏道听说霍集占已经做好准备，打算在杀了他之后就正式举起反旗对抗政府，于是便想尽办法利用机会逃出了库车城。只是因为步行的速度实在过于缓慢，所以没过多久就被追上而惨遭杀害，而回部也在此时正式对外宣布反清自立。但由于目前定边右副将军兆惠还在忙着清剿北路厄鲁特叛军的残余势力，一时之间还抽不出手来对付霍集占，所以一般相信，回部将有更充裕的时间可以做好抗清的准备。等到清军有空来对付他时，回部的势力可能已经更加庞大，更加难以对付了。

匿灾扯出案外案　抄家又掀文字狱
陈情举发丢性命　匿灾害民官照当

原本因匿灾被革职的官员，因查悖逆文字有功，而全都官复原职

嘻……你以为皇上会在意……

无所谓啊……

你们这些狗官，我要去举发你们。

　　之前河南匿灾一事日前又扯出案外案，已被下令革职的夏邑前知县回报，说指使民众告状的河南生员（秀才，具有乡试资格的知识分子）段昌绪，在抄家时被查出藏有吴三桂的讨清檄文，其中还有圈点及评赞。乾隆皇帝在得报后，便宣布原先已被革职的河南巡抚图勒炳阿，以及夏邑、永城知县，因为这次立下的大功足以弥补之前匿灾犯下的小过，所以全都予以官复原职。而联想力超强的弘历同时也怀疑起之前告状的前江苏布政使彭家屏，说不定在他家中可能也藏有什么禁书之类的东西，于是便召其至京严加审问并下令抄家检查。彭家屏赴京之后，虽然自行承认藏有《南迁录》《酌中志》《潞河纪闻》《豫变纪略》等禁书，但在地方官员前往他家查封时，这些书早就被彭家人给烧掉了。查不到实证的图勒炳阿心有不甘，又花了很大的工夫仔细翻找，终于在彭家族谱《大彭统纪》中，发现有"大彭纪年"的字样，又提到彭姓出自黄帝之后，是以自居为帝王苗裔，而且族谱之中遇当今皇帝名字竟也不缺笔画以避讳。这些"罪证"被送交京师之后，彭家屏便被下令自尽，而段昌绪也被处斩。原本相信皇帝南巡是来巡察民情，而冒险揭发地方官匿灾害民的这些人，最后竟这样丢了性命，而渎职匿灾、无视百姓疾苦的图勒炳阿等人却还是高官照当。看来，所谓的观风问俗、体察民情，毕竟只是皇帝喊爽的口号而已，经此教训之后，应该再也不会有人敢告状陈情了。

沙俄欲借道黑龙江运粮
乾隆识破诡计断然拒绝

可以借一下厕所吗？

滚开。

沙俄人的诡计被识破而没有得逞

对东北垂涎已久的沙俄，因卷入欧洲的战争之中，现阶段无法用武力来谋取黑龙江的航行权，所以女皇伊丽莎白·彼得罗芙娜便以其东北沿海居民贫困，并处于极端饥馑之中为理由，请求借道黑龙江让沙俄船舰得以运送食物，并要求沿途给予协助。不过，这个借道内河以达到侵吞中国领土的阴谋，并没有瞒过乾隆帝，清廷日前已经态度明确地予以拒绝，让沙俄的这个诡计无法得逞。

英船违例宁波贸易
通商口岸仍限广州

不想一直被绑在广州，而极欲扩展通商口岸及市场的英国商船，居然无视中国政府的规定，前后两度违例驶进宁波进行贸易。乾隆皇帝弘历在得知这种情形之后，原本也有意干脆开放宁波与广东两处当成对外通商之海关，但是闽浙总督杨廷璋却为此上奏，认为外商的这个举动根本是在避重就轻，有意规避我大清国的法律，如果因此而开放的话，将会助长其势，之后将再也难以控制其行为。弘历经再三考虑之后，已决定今后仍只限定广东一地作为对外贸易的通商口岸。

哈萨克归降大清国　阿睦尔入俄染痘亡

之前与阿睦尔撒纳结盟共同力抗大清的哈萨克汗阿布赉，因为与清军短兵相接的几次战斗中都处于不利的地位，知道对手没有想象中那么好惹，于是便立刻派遣使者向清方示好。他还推说之前战斗的时候，因为事出突然而且视线不佳，所以根本不知道迎战的对手就是天朝兵马，如今才发现酿下大错，所以已经主动撤兵并前来认罪，只求天朝能原谅他们之前鲁莽的作战行动。同时，阿布赉也表示，如果一见到阿睦尔撒纳入境的话，就铁定会将其绑赴清军大营之前。阿睦尔撒纳见哈萨克的立场又倒向清廷，也只好亡命沙俄。事隔数月之后，虽然清廷仍继续向沙俄要求交出阿睦尔撒纳，但实际上，阿睦尔撒纳已于八月间在沙俄境内因感染疹疫而死亡了。

年度热搜榜

臣或奴才？
官员奏折署名大有学问

因为之前满洲籍的大臣在上折奏事时，有的署名为"臣"某某，有的署名为"奴才"某某，搞不清楚要怎么写的人越来越多，所以清廷在日前再次颁布定制，满洲大臣上折奏事，如果是公务奏折要自称为"臣"，如果是请安、谢恩等寻常的摺奏，则仍自称"奴才"。不过，想当人家的奴才也不是这么简单的。

我是主子。

我是奴才。

我……我连称奴才的资格都没有。

灾民无食成乞丐
乞丐武装变强盗

政府已经先后逮捕九十四人，将其全部依法予以严惩。

据湖北地方官员表示，近来有许多自江南流入的无业游民，上百人成群结队，不但携刀带斧伤害良民，甚至还持械拒捕。而这些流民强盗，都是因为本籍地连年荒歉，生活无以为继才外出以乞讨为生的灾民。但他们发现聚集的人数够多，手中又拿了些武器的时候，可以得到的收入比低声下气地向人乞讨要高出好几倍，于是渐渐地就变成一群武装乞丐，也就是强盗了。目前

清大军久攻不下　霍集占趁隙脱逃

因为去年（一七五七年）年底升为定边将军的兆惠，还在那边忙着清剿，而一直没有办法抽出手来镇压霍集占兄弟的叛变，所以乾隆皇帝弘历便改派兵部尚书雅尔哈善为靖逆将军，率领着一万余人的部队向天山南路进军。到了今年五月的时候，清军进抵库车并发动了猛烈的攻城战。但是因为库车城地势险要又坚实密固，所以在清军一个多月的强攻之后叛军仍然不为所动。就在此时，叛军领袖霍集占却已闻讯召集了八千兵马前来救援，并与清军在城南发生激烈的战斗。在损失了将近两千名士兵之后，霍集占终于得以率领余众进入库车城中继续与清军僵持。久攻不下的雅尔哈善于是下令挖掘地道攻城，只不过因为太过于心急，在夜晚时点灯继续挖掘而被叛军发现。霍集占于是下令用沟渠截断地道，向沟渠中填满柴火并点燃，使得正在工作的清军士兵全数被烧死在地道之内。几日之后，霍集占趁着自命儒将的清军主帅雅哈尔善终日弈棋、饮酒作乐，而在防线上出现漏洞的

机会，利用夜色率领着主力部队，从城西渡河脱逃而去。令人讶异的是，驻防要道的副都统顺德讷在获报这么重大的消息后，竟然没有立即行动，而是决定等到天亮之后再去追击。结果可想而知，第二天当然只能找到一些脚印，霍集占逃脱成功。弘历闻讯之后大发雷霆，下令将雅尔哈善、顺德讷等贻误军情的人处死，并改由兆惠全权指挥部队以平定叛乱。

回部首领霍集占趁清军主帅防备松懈之时率领主力部队自库车城突围而去

将军，敌人要跑了……

别吵，等我下完这盘棋再说。

该您了。

乾隆对于西北军情过度乐观的预测，已令第一线的清军陷入极大的风险之中

库车乌什不战而降　兆惠孤军追击回兵

奉命接管征回大军指挥权的定边将军兆惠，在得知库车已因粮尽而开城献降之后，便领军转往阿克苏、乌什等地，结果两城皆因惧于清军的力量也都未战投诚。弘历接获这样的报告之后十分高兴，在得到情报说霍集占手上目前仅剩下大约三千回兵之后，便认为此仗已经是胜券在握，于是便下令定边右副将军车布登札布率领所部先回游牧地休养，而令兆惠率领一万大军，趁着回众离心之时驱兵前进，全力剿灭已经逃往叶尔羌的霍集占兄弟。乾隆在受访时还乐观地表示，

说叶尔羌、喀什噶尔很有可能也会相继投诚，甚至说不定还会直接把霍集占兄弟绑来献于军前。不过军事专家也提出警告，虽然兆惠有一万大军，但扣除沿途布防的兵士，等部队到达叶尔羌的时候，手上的实际军力可能连五千都不到。而且清军长途跋涉，与以逸待劳的回军对阵时也不见得会有利。况且，这一切都还是在回军只有三千兵马的前提之下，要是真实情况与之前所得情报不一样的话，那清军势必将承担极大的风险。

144

兆惠的部队被突然出现的叛军给团团围住，目前情况可说是十分危急，随时都可能被歼灭

回大军倾巢而出　兆惠被围黑水寨

十月初兆惠的部队抵达叶尔羌时，才发现眼前这座巨城竟然比之前久攻不破的库车城还要大上好几倍，而他手边可用的兵马却不到当初围攻库车的四分之一。在根本没有办法围城的情况之下，兆惠只好下令先渡河夺取霍集占在南山的牧群，以补充兵士的粮食并打击敌人的士气。但就在清军渡河之际，回部领袖霍集占竟然从城中发动了突击，而且出现的人数远远多于情报所预估的数量。

敌军兵马倾巢而出之后，一下子就把清军给截为数段。在经过五天五夜的激烈战斗之后，兆惠终于突围回到黑水河边的大营之中掘壕结寨，以坚固的防御工事暂时挡住了回军的进攻。不过这时，由布拉尼敦率领的另一支回军，也由喀什噶尔赶来助阵，形成两兄弟合围清军的情势。目前兆惠的状况可说是岌岌可危，随时都有被歼灭的可能。

年度热搜榜

苦撑三月援军终至　清军黑水之围解除

弘历在得知兆惠于黑水寨被敌军所围的消息之后，十分懊恼自己犯下了过于轻敌的错误，于是立刻调集阿克苏办事头等侍卫舒赫德，以及乌鲁木齐的定边右将军富德两路兵马前往救援。富德部队在年初前进到呼尔璊时，遇到霍集占与布拉尼敦的五千骑兵前来截击。双方在激战数天之后，清军虽然占了上风，但马匹却因千里奔袭而无力再追。刚好这时参赞大臣阿里衮，于夜里领着预备

队及大批战马赶到并加入战斗。一直战到黎明时，叛军已渐露疲态，逐渐无法抵御清军的攻击。与此同时，被围困在黑水寨将近三个月的兆惠，听到数十里外枪炮声轰隆于耳，研判应该是援军来到，便也乘夜出击，在一阵冲杀之后在黎明与富德部队会合。而叛军在损失数千人之后渡河逃走，兆惠与富德也率军回阿克苏休整。此时在阎王面前绕了一圈的兆惠，也终于率部队逃出生天。

【人物专访】黑水英雄兆惠

面对数倍兵力的回军围攻，竟然也能坚守黑水寨长达三个月之久的定边将军兆惠，日前在阿克苏接受本报专访，以下是访问的内容。

记者: 兆惠将军，请问您在抵达叶尔羌城时所看到的景象是怎样的？

兆惠: 当时已经快要进入严冬了，我率领着大约四千名的兵士抵达叶尔羌城时，也确实被吓了一跳。因为这座城起码比库车要大上好几倍，而城里各部族的人数，光是骑兵至少就有五千名，更别说是步兵了。说实在的，这时我心头真是凉了一阵。不过没办法，皇上交办的事总得要做，我也只好开始下令

围城。不过，这叶尔羌城四面共有十二个门，

146

我也只能围一面而已，所以其实心里还真的是很虚的。

记者：那被围在黑水寨的过程是怎样的呢？

兆惠：那时我从俘虏口中得知霍集占的牧群分散在南山一带，就想这样下去也不是办法，不如先去夺取他的牲畜，一来可以获得补给；二来可以打击敌军的士气。不过，这可能刚好着了霍集占的道，因为才刚开始过桥渡河的时候，桥便应声断裂，然后叛军也在这个时候蜂拥而至。已经过河的兵士们只好再游回来，我的好几个部将也都在此时战死，连我自己的坐骑也连续两次被鸟枪射中而死，我的脸啊、脖子啊，还有身上都受伤了，当时情况真的很危急。后来在大伙的坚持下，与敌军拼死奋战了五天五夜，才总算是退到大营之中加强防御，暂时抵挡住了叛军的追击。

记者：那当时围着你们的叛军人数到底有多少呢？你们想过要突围而出吗？或者只想在营中坚守等候救援？

兆惠：哇，想到那时就怕。你知道吗？那看不到边际的黑漆漆的人影，把整个黑水寨都给团团围住了，人数我看少说也有一万多吧，而且后来听说布拉尼敦的部队也赶来了。由于双方的兵力悬殊，就算一个打十个也根本没有逃脱的可能。我一看存粮大概可以再撑两个月，所以当下就决定坚守待援，不做任何无谓的牺牲。于是便下令再把壕沟挖得更深，营寨结得更扎实，让敌人无法轻易攻入。

记者：在条件这么严苛的状况下，你们是怎么支撑的？粮食有了，可是饮水、弹药都没有问题吗？

兆惠：说来也真巧，就在我为这些问题伤透脑筋的时候，霍集占那边便决河引水，打算以大水淹漫我们的营寨。于是我便立刻命令兵士们挖掘沟渠，将多余的水引入下游，同时还顺便截取了充足的水，意外地解决了饮水的问题。之后，叛军又在四周筑起高台，不断向营寨内施放鸟枪。为了不被敌人给压制住，我也下令搭起高台和他们对射。后来兵士在砍柴煮饭时，发现叛军的枪子全都射到树上去了，只要砍一棵树，就会有无数的枪子从树干中掉落，这样又意外解决了我们弹药的问题。接着我们还在营地内挖出好几十处回人埋藏粮食的地方呢，每一个地方都藏有数石的米，所以我们又在米粮快用完时获得了救济，最后才能坚持到富德的援军赶来。

记者：这实在是太幸运了。那您接下来的计划是什么呢？

兆惠：呵呵，基于军事行动的机密性，我就不方便讲了，不过很快就会带来好消息的，放心好了。

记者：谢谢您接受我们的访问。祝您旗开得胜。

第三度闯入宁波港想违反禁令进行贸易活动的英商洪仁辉，失败后状告海关总督李永标索贿

英商洪仁辉天津告状　官员遭解职静候调查

自称英国四品官的英国商人洪仁辉，不久前又第三度闯入宁波港，企图在此地卸货并进行交易。但由于之前清廷已经明白宣布禁止外国商船由此地登岸，所以英船只好改道直上天津。不过这次洪仁辉似乎是有备而来，他先带十二个人乘坐小船进入天津，然后让大货船随后伺机驶入。同时，他也事先拟定了策略，要是中国官方阻止他入港的话，便以在广东受官员勒索，且被行商拖欠货款为由，要求上岸递送呈词。后来，洪仁辉果然被官方给半路拦下，于是他便照计划递上状纸一张，具状控告粤海关监督李永标索贿、行商黎光华拖欠货款五万两白银等事由。据闻，天津知府灵毓在收了二千五百块的西班牙银圆之后，已经允许洪仁辉将船开到天津，并安排他先住在一间寺庙之中，然后再帮他把诉状送上北京。弘历在亲阅之后，已经降旨将李永标解职候审，并派官员驰往广东专责调查此案。不过，实际上本名詹姆士·弗林特的洪仁辉，根本不是什么英国的四品官，他只是一个身兼英国东印度公司翻译的普通商人罢了。

清军两路进逼　叛乱宣告平定

兆惠与富德的部队在经过了数个月的休整之后，于六月再度将两万大军兵分两路，一路由兆惠领军，经乌什进攻喀什噶尔；另一路则由富德率领，经和阗直取叶尔羌。而另外，霍集占兄弟在经过上次大战以后，对清军的战斗力已经心存畏惧，便在烧毁二城之后，胁迫大批的百姓及兵士往巴达克山方向逃窜。虽然双方于途中发生几次遭遇战，但叛军却早已因为丧失斗志而四处逃窜。最后霍集占兄弟的上万人部队，就在清军一面攻击一面招降的策略之下，纷纷抛下武器向清军投降。霍集占本来还试图加以拦阻，但就算是喊破了喉咙也没有办法阻止下属兵士弃械投降。到最后实在没有办法了，他们兄弟俩只好率领仅剩几百人的残部，逃进了巴达克山。这次投降被俘的叛军，一共多达一万二千余名，连同两千余件军械武器，以及数万头牛羊牲畜全都落入清军之手。而远遁巴达克山的霍集占与布拉呢敦，并未能逃过此劫。因为没过多久，兄弟俩就被擒获，而这场叛乱至此也终于完全平定。

在清军一面攻击、一面招降的策略下，就算霍集占喊破喉咙也没有办法阻止兵士们弃械投降。

149

官员枷责 英人圈禁
代写状纸者正法

英商洪仁辉本想借此事件打开贸易新局，却反而使清廷对贸易采取更严格的封闭态度

先生，听说你要被关三年，我要先回国去了，再见。

你别丢下我啊！我怎么这么倒霉啊！

我才倒霉呢……只不过帮忙写个东西。

　　不久前英商洪仁辉控告粤海关监督李永标一案，经相关单位审理后，已对外公布判决结果。经查已故行商黎光华确有拖欠白银五万两货款之情形，而其子则借口父亲身故而不肯偿还欠款，并托病搬回原籍福建。目前已令福建督抚查明黎氏家产后如数归还，李永标经查明后认定本人并无索贿，但其家人确有仗势勒索之情形，本应处以杖一百流三千里之刑，但因其为旗人，照例改成枷六十日、鞭一百。不过，弘历同时也发现洪仁辉之所以敢擅闯宁波，完全是在英国东印度公司的指使之下所为。为了维护大清国的主权，清廷便将洪仁辉以违例别通海口的罪名，判处在澳门圈禁三年，并于刑满之后逐回本国。而被揪出帮洪仁辉代写状纸的四川籍商人刘亚匾，则是遭到正法。洪仁辉这次的行动，非但没有打开贸易新局，反而导致乾隆帝对外商的印象更差，还颁布了更严格的海外贸易管理条例，自己也被圈禁了起来，可真是赔了夫人又折兵。

12:00 100%

城内千人暴动　官军迅速摆平

驻守喀什噶尔的参赞大臣阿里衮，在六月时奉旨回京。但是他前脚才刚离开，后脚便有人在城内散布谣言说阿睦尔撒纳即将来攻击阿克苏，借以蛊惑人心。于是城内人群起暴动，抢夺了官方哨站的牲畜物资。阿里衮在半途中听到消息后，立刻折返，调动了八百余名官军进行镇压。可是这时参与暴动的人已经聚集了上千人之多，所以情势一度紧急。后来官军发动了一波波的攻势，在剿杀了数百人之后，才

终于将回人逼回城中固守。到了晚上，民众逐渐冷静下来之后，才发现事态严重，便全城呼号请求乞命，而官军也同意进行招抚。官军入城之后将十六名首谋者锁拿解京，并就地将二百余名为之附和的从犯正法示众，妻小则分赏为奴。

伊犁屯田　渐次推广

在阿桂等人的建议之下，乾隆皇帝批准了在伊犁一带进行屯田的政策。按照规划，初期会在伊犁河以南的地区先进行示范性的实施，选择水土饶裕的区域建立四个屯垦庄，每个屯垦庄都编制百余名的兵士，等实施一段时间后，再视情形渐次扩充。一般认为，这样的做法将有助于维持新疆地区的安定，同时有效解决了驻地官军的粮食问题。

补足西部地理
《乾隆内府皇舆图》完成

在乾隆二十年（一七五五年）时，受命前往西部区域测绘地图的左都御史何国宗，以及偕同前往的西洋传教士等人，在今年年底终于完成任务。随后，他们将天山南北路测绘的结果，结合康熙年间发行的《皇舆全览图》，制成《乾隆内府皇舆图》。相关学者认为，此图的完成，可以说是补足了之前西部地理的不足，让大清国所统辖的区域，都详细地呈现在地图之中，对于国家的治理将有很大的帮助。

年度热搜榜

【乾隆二十六年】公元一七六一年

学政刘墉举报　文字狱又一桩

不久前江苏学政刘墉具折奏报，表示他发现监生（具有学校入学资格者）阎大镛曾经刊刻发行的著作《俣俣集》之中，含有悖逆不敬的文句。乾隆皇帝弘历在收到这份奏折之后，便下令让高晋等官员严查此案件。经过深入调查之后，高晋等人指称阎大镛在书中确实多有讽刺官吏，或愤愤不平之言辞，甚至还有不避庙讳（已故诸先皇之名讳）的情况。乾隆在看了报告并亲阅原书之后，认为该书笔舌诋毁，毫无忌惮，已指示承审官员，断不可留阎大镛之性命。

紫光阁重建完成　功臣像百幅入列

乾隆下令将功臣画像悬挂于紫光阁中，并宴请文武大臣及蒙古王公、回部郡王及哈萨克来使，热闹非凡

自从康熙年间开始，就一直作为皇帝殿试武进士，以及检阅侍卫大臣的紫光阁，因为已经有多处老旧破损，所以在弘历的指示之下进行修复工程。今年年初，紫光阁终于全部重新修葺完成，焕然一新地与世人重见。而新的紫光阁也成了大清国展示军事功绩的一个处所，去年已受命完成的平准、平回百位功臣像都高挂于此，以作为褒扬。同时于宫中举行了盛大的宴会，邀文武大臣、蒙古王公等一百零七人，以及回部郡王、哈萨克来使等十一人共同参加。宴会中由大学士傅恒献爵，皇帝赐酒，并分赏缎匹等物给入宴诸臣。

【专题报道】紫光阁群英像

紫光阁百位功臣像中，以傅恒排名第一，然后是黑水英雄兆惠，捐躯西域的班第则排名第三

这次为了庆祝平定准噶尔及回部，而陈列出来的一百幅立轴式紫光阁功臣像，其中前五十名勋绩显著者乃是由弘历御笔亲写赞文，其余的五十人则是由儒臣缀辞。而图轴的下方是由好几位优秀的宫廷画师合作完成的功臣肖像，以接近真人大小的尺寸，用写实的技法把武将们威武凛然的姿态都完全呈现了出来。在画风上，这批画作则是明显受到了西洋画风的影响，与一般的传统工笔人物画截然不同。在百位功臣之中，则以大学士、一等忠勇公傅恒居于首位。傅恒虽然并没有督师亲征，但在西征之初，举朝文武大臣，只有傅恒力挺弘历主战之意见，而且在过程中尽心赞襄军务，成为乾隆皇帝左右极为有力的辅弼。也因此，弘历在傅恒的赞文中写了"定策西师，惟汝予同，鄷侯不战，宜居首功"之句，将傅恒比为古时不战而居首功的汉相萧何。而黑水寨一战成名的户部尚书兆惠，与捐躯西域的兵部尚书班第，则分列第二名、第三名。清廷也表示，为了表彰在战斗中勋绩卓著的功臣武将，往后如果再有大型战役，也同样会把功臣图像加列到紫光阁之中。

年度热搜榜

乾隆三下江南

　　元月十二日，弘历又以皇太后之命，进行第三次的南巡，并照例蠲免所经地方的部分钱粮税金。这次南巡的路线将会经过直隶、山东、江南、浙江等地，除增加前往海宁一带巡视海塘的行程外，其余与第二次南巡的路线大致相同。途中还会视察清口东坝、惠济闸、高家堰等水利工程，预计于五月初返京。

全国总人口突破两亿　粮食供应成首要问题

　　据中央政府所提供的资料，本年度大清国的人口正式突破两亿大关。明朝极盛时期，全国人口大约七千万，到了康熙时期，长期的和平与稳定，特别是康熙五十一年（一七一二年）宣布"滋生人丁永不加赋"，以及雍正时期开始陆续实施的"摊丁入亩"政策，都大大地刺激了人口的快速增长。一直到乾隆六年（一七四一年），政府首次在各州县依保甲统计户口数时，全国人口已经增加到一亿四千万之多，二十年之后，又突破两亿。人口的增长虽然代表了国力的增强，但同时也给百姓的生活带来了压力。每人平均拥有的土地面积缩减了，全国每年所需的粮食总数增加了，越来越紧迫的粮食供应问题，将成为确保国家稳定的关键。

回族贵人升容嫔　民间传闻称香妃

之前大小和卓木（布拉尼敦、霍集占两兄弟）叛变时，没有参与其中的回部叶尔羌贵族图尔都，在乾隆二十五年（一七六〇年）入京觐见弘历后，便被留居于京城之中，而与他一同前来的妹妹和卓氏，则是被选入宫中成为贵人（后宫第六级的妃嫔）。据说，由于和卓氏入宫的时候带来了祥瑞之兆，让从南方移植到皇宫内的荔枝树一口气结出了二百多颗荔枝，加上她为人又秉心克慎、奉职唯勤，所以很得皇上的青睐及皇太后的喜爱。因此在今年五月，皇太后便降旨将其册封为容嫔（后宫第五级的妃嫔）。虽然容嫔的生活习惯和宗教信仰皆与其他后妃不同，但仍受到了弘历的尊重。乾隆帝不但专门为她在宫中设了回族厨师，在她于圆明园居住时，还特别为她在园外的方外观墙上镌刻了《古兰经》。更有民间传言，说容嫔之所以会如此受皇帝的喜爱，除有绝世美貌及异域风情外，听说她身上还会自然散发出一股淡淡的香气，而被民间称为"香妃"呢。只不过，此说并未得到证实，也不知道这些人是什么时候有机会到后宫去闻容嫔身上味道的。

155

第 四 章

再征缅甸 颓势初显

（公元一七六三年～一七七四年）

▸ 英法七年战争结束
米字旗成海上强权

▸ 乾隆四次南巡
皇后剪发争闹

公元一七六三年　**公元一七六四年**　**公元一七六五年**　**公元一七六六年**

▸ 为免学生投机取巧
重点版课本全面销毁

▸ 乾隆首次普免漕粮
将分七年实施完毕

▸ 清军击退入侵缅人
云贵总督发动战争

▸ 轻开边衅
杨应琚受命自尽
接手征缅
明瑞破象阵退敌

▸ 清军久攻反被围
水土不服现危机

▸ 缅甸求和
清军班师

公元一七六七年　**公元一七六八年**　**公元一七六九年**　**公元一七七〇年**

▸ 缅军逆势发动反击！
清军全线溃败
主帅明瑞自缢

▸ 缅甸王求和遭拒
乾隆帝报复攻击

▸ 皇帝太后生日送大礼
第二次全国普免钱粮

▸ 中缅双方和约认知差异
过大
乾隆震怒意欲兴兵袭扰
缅境

▶ 清军兵进小金川
　进度未如预期

▶ 土尔扈特返国之旅历经
　艰险
　乾隆即令救济散发祖国
　热情

▶ 温福转攻大金川
　筑碉分兵陷险境

▶《四库全书》开始编纂

公元一七七一年　　　**公元一七七二年**　　　**公元一七七三年**　　　**公元一七七四年**

▶ 清大军两路总攻
　小金川全境平定

▶ 绿营溃兵遭到严惩
　胸挂铁牌苦差拘禁

▶ 阿桂奋力进攻
　金川渐感力竭

年度热搜榜

英法七年战争结束 米字旗成海上强权

近年来活跃于世界各大洋，并且在与大清国的贸易中越来越有分量的英国，在一五八八年击败了当时号称全球第一强的西班牙无敌舰队之后，便迈出了大国崛起的第一步。接着英国又在一六五二年至一六七四年，连续多次击败了荷兰，并取得了北美地区面积广大的殖民地。到了一六八九年，英国会在通过了所谓的《权利法案》之后，确立了与大清国完全不同的君主立宪议会体制，成为一个新兴的民主国家。一七五七年开始，英国又与法国争锋，并在今年结束了两国之间长达七年的战争，彻底打败了法国，将北美及印度的殖民地拿到手，成为当今的海上强权霸主。而英国是否会利用其海上强权及军事武器上的优势，来敲开与大清之间的贸易大门，将是未来必须慎重观察之处。

公文往来皆自己人 严查幕宾通同作弊

相关单位在查办湖南提刑按察使沈作朋纵放盗贼、冤枉良民一案时，发现所有的一切都是他的幕宾绍兴人徐掌丝所为。调查结果显示，因为湖广总督爱必达衙署中所聘请的幕宾，刚好是徐掌丝的兄弟姻亲，加上巡抚衙门中的幕宾又是他的妹夫，于是这几个人便暗通声息，从中把持操弄。此案在审判过程中，数度往返于各级衙门之公文，根本

都是出于他们几人之手，所以他们才能只手遮天地借职务之便玩法弄权。为此，乾隆皇帝还特别宣谕各级官员，要求督抚们务必深刻记取这次沈作朋被严惩的教训，严格督导手下幕宾人员的行为及操守，不但要揪出黑幕，以后也不许新任督抚大员再接着用旧任幕宾。

【专题报道】幕府师爷

所谓的幕宾、幕僚、幕友，或称为师爷，并不是国家正式的官员，而是由官员自己招聘并发给薪水的专业人员。他们代为批阅文件、起草信件奏章，以及处理刑名、钱谷等官员职务内应办的事务。

只剩盖章了，大人应该没问题吧？

嘻……这我就会了……师爷可不能请假啊。

通常一个官员会聘用多位各具专业的幕宾来协助推动各项政务，尤其是在地方官府衙门，不论是督抚还是知县，"刑名师爷"与"钱谷师爷"可说是最重要的两大幕宾。而其他大大小小的师爷则依每位官员的需求招聘，常常有多达几十个人的。大部分的官员都会对自己的幕宾以礼相待，并给予不错的待遇，因为万一幕宾不干了，通常官员可是没有办法去处理这一大堆政事的。

由于官员的任用要靠八股取士的科举考试，而整天埋首在古文书堆中读书的人，绝大部分都没有办法搞懂如何在实务上理政、理财及治狱。更何况有许多的官员根本也没读过什么书，官位还是靠捐钱换来的，就更不能没有幕宾的协助了。加上政府规定文官不能在自己原籍省份当差任职，又有任期的转调升降，所以当官员到一个人生地不熟的地方上任时，也就格外需要熟悉当地状况的人来充当幕僚。而这些专业的幕僚人员，有些是还在参加科考的读书人，有些是中了进士或当过官之后，因不得志辞职再转任幕僚的，也有一些是正在候补官缺，为了生活而先当别人幕宾的。

这些身处幕后的参谋人员虽然没有名位，但却拥有实权，而且大多数都极受幕主的尊重，甚至被当成老师一样看待。若与老板之间不和，随时可以辞职离去，相当自由，既不受拘束也不必担政治责任，可说是一项很专业的职业。如果读者有需要的话，还可以在书店找到教人如何当师爷的参考书呢。

在这里要跟各位同学宣布一项消息，依政府最新的规定，以后不能再用重点整理的参考讲义了，只能用课本，所以等一下班长会把参考讲义收回来。

不会吧……

什么？！我妈才刚帮我买了一整套……

重点攻略 精准！！必中！！

课本

这要怎么看啊……厚得都可以砸死人了。

为了避免投机取巧，政府已经下令销毁所有经过重点整理的考试用书籍

为免学生投机取巧　重点版课本全面销毁

　　湖南学政发现学生们在念书时，肯真正下功夫，用心学习四书五经的人非常少。大部分的学生竟然都不读原版的《礼记》，而是拿坊间出版机构节录的考试重点版来读。而这种版本，内容只有原书的一半左右，除常拿来当考题的重点部分留下外，其余的竟全都删光了。由于这种经过重点整理的书读起来较轻松，猜题命中率也高，所以卖得特别好。现在中央政府已经决定，由礼部下令将这些删节版本全部销毁，要求学生们用心研读完整版的经书，不要再存有投机取巧的心理。

县民控官遭锁拿　新宁罢市以抗议

新宁县有民众之前具状到知府处，控告知县李腾渊以短价派买仓谷，而其手下的书役也效尤舞弊，严重侵害百姓的权益。但代理知府王锡蕃在受状后，竟然将此案搁置，既不亲审也不派人调查，便将告发的县民发回本县锁拿下狱。此举引起了民众的不满，进而发动集体罢市的行动。乾隆帝在收到湖南提督的奏报之后，已下令将纠众罢市者移送法办，并调查李腾渊、王锡蕃等官员失职的责任，并将湖南巡抚乔光烈予以革职。

缅人扰边　云南设防

云贵总督刘藻不久前奏报，说云南的永昌、顺宁二府，因地处两国边界之地，近来时常受到缅甸人的侵扰挑衅，所以建请于滚弄江一带，分设七处关卡驻兵防守，目前这项提案已获得中央支持。

年度热搜榜

【乾隆三十年】公元一七六五年

乾隆四次南巡　皇后剪发争闹

今年乾隆皇帝展开了任内第四次的南巡之旅，虽然此次的行程及视察重点均与上一次大同小异，但这个过程中却发生了意外的插曲。据政府发言人表示，皇后那拉氏在陪同皇帝巡幸时性格突然大变，在抵达杭州之后，举止便像发了疯一般地失常，甚至还自行剪去长发嚷着要出家，结果乾隆皇帝只好下令让她先行回京。不过，也有消息指出，皇后可能并非真如官方所说的精神失常，极有可能是乾隆在南巡期间生活太不检点，皇后又屡劝不听，使得夫妻之间发生了激烈的争吵所致。另外，还有一种说法是当初在孝贤皇后富察氏去世后，因皇太后的坚持才被册立为皇后的那拉氏，根本无法取代富察氏在弘历心中的地位。长期受到冷落，使她罹患了重度的抑郁症，所以才会导致精神崩溃，进而做出如此出格的行为。只是皇后这样一闹，根本就只是让弘历显得更为尴尬，看来两人之间的裂痕真是越来越深了。

年度热搜榜

—— 乾隆首次普免漕粮　将分七年实施完毕 ——

中央政府日前宣布乾隆帝谕令，以今年连岁丰收，京城存粮过多，所以普免各省漕粮，并分七年实施完毕。虽然政府时常因天灾或皇帝南巡等因素，免征各地甚至全国的钱粮税款，或是截留部分漕粮以为赈济之用，但对于漕粮的普免却非常罕见。资料显示，就连在康熙年间，也只在三十年（一六九一年）时普免过一次。而原因就是，所谓的漕粮，即为了供应京城中八旗兵与政府官员所需，而向江南、山东、河南等七省征调的粮食。这些粮食经由水路运往北京，故称漕粮。每年征调的数目各省总计为四百万石一般食粮，以及九万九千石的白粮（上等稻米）。这本身就是一项极沉重的负担，加上在漕运的过程中，又被以"随漕正耗""随漕轻赍、易米折银""随漕席木板片""赠贴银米""白粮耗米""行月""羡银""厅仓茶果银"等名目，另外附加了七八百万石，相当于正赋两倍的额外负担，使得农民都快喘不过气来了。但因关系着首都人心之稳定，所以除非是水旱灾情的特别蠲免，否则是不会轻易动这一条的，看来今年农民的快乐指数应该可以提升一点点了。

政府宣布，将以七年的时间，分批普免江南、山东、河南等七省的漕粮

缅甸侵边数败清军　总督降职畏罪自尽

去年（一七六五年）时，因缅甸连续侵扰云南边界土司，所以云贵总督刘藻便发兵进剿。清军虽然偶有小胜，但却始终未能有效退敌。直至时序入秋，缅甸人在饱掠各处土司后满足地自动退去，刘藻才回报说已经击退了入侵者并攻下数座敌军营寨。今年，食髓知味的缅甸人，再度分路侵扰国境。而刘藻则是出师不利，又接连吃下了几场败仗，数路清军都遭到缅军伏击，并造成不少死伤。不过刘藻倒是把责任推诿得一干二净，让乾隆皇帝在闻讯之后，降旨处罚了这些被参奏的领兵将领。但毕竟纸包不住火，后来乾隆帝对照地图，才发现缅军根本已经深入内地，而刘藻的报告内容则大都虚伪不实。对此，原本十分生气的乾隆帝，又觉得刘藻毕竟只是个书生，对行军作战之事能力有限，所以也不打算再继续深究，只降旨将刘藻降为湖北巡抚，然后调陕甘总督杨应琚接任云贵总督之位。不过刘藻在收到降职的谕旨时，大概是觉得捅出的大娄子被发现了，在降职之后可能又会被抄家或连坐处分家人什么的，于是越想越怕，到最后竟畏罪自杀了。

皇后去世丧礼降格　御史奏陈竟遭严惩

据皇室所发布的消息，皇后那拉氏已于七月十四日去世，但丧礼只以皇贵妃（后宫第二级的妃嫔，位在皇后之下）的规格办理。自从去年（一七六五年）南巡时发生皇后剪发事件后，弘历与那拉氏之间的关系便降到了冰点。虽然弘历没有正式废后，但丧礼降格已确实表达出他对皇后的极度不满。其实在今年五月中的时候，弘历便已下令收缴皇后历次受封的所有册宝。而在七月初，当被幽禁的皇后已经病得奄奄一息时，弘历更将她的宫女撤到只剩两人，并自顾自地

前往热河去行围打猎。而在那拉氏去世后，弘历仍然余恨未消，连纠举内务府办理丧仪不周的御史李玉鸣，都被骂成是个只会替已故皇后鸣不平的丧心病狂者，而遭到锁拿并发往伊犁的处分，命运可说是十分悲惨。

别走啊……

别走啊……

乾隆丢下奄奄一息的皇后，自顾自地跑去打猎，不久便传出皇后去世的消息

清军击退入侵缅人　云贵总督发动战争

杨应琚

新接任云贵总督的杨应琚在进抵云南之后，指挥各路清军陆续收复失地，并将入侵的缅甸人全都赶了出去。在连胜的喜悦以及部属不断上呈捷报的情形下，原本一向行事稳重的杨应琚，也改变了保守的态度，认为此时正是主动对缅甸本土发动攻击，一举将之降服的最好时机，于是便上奏请求批准此一军事计划。乾隆在收到这份奏折之后，认为如果连行事一向老成持重，而且年已七十的杨应琚都觉得可行的话，那想必拿下缅甸这种小角色应该不是太困难的事，于是便批准了此一侵略计划。杨应琚在获旨之后，已令所属的两万步兵向缅甸进军，并发出檄文，号称陆军三十万、水军二十万已集结于边境，要缅甸王立即投降。不过对方似乎没有被吓到，据说目前缅甸方面已经集结了三万大军，兵分四路准备向侵略他们国土的清兵发动反攻。

贵州官员于日前上奏，说该省的苗人因为习惯性地配刀出入，所以往往发生摩擦时便会拔刀相向而伤及人命。而且在年初的时候，还有一种叫作"跳月"的习俗，在载歌载舞祭祀神灵及男女情歌对唱之后，互相看上眼的青年男女在新月初上之时倾吐爱慕之情，甚至通宵在外约会。所以请中央能够颁旨明禁苗人这种大胆的习俗。不过乾隆帝认为这些都是苗人文化中相沿之俗，不需要特别去加以禁止，所以并没有批准此项建议。

清军征缅杀敌过万？　云督溃败谎报军情！

皇上，我真的没有说谎啊！今天咱们又打赢了呢……

伸！

你还说……快住口！啊……

被缅军击溃的杨应琚竟然谎报说杀敌过万

因身处蛮荒水土不服的云贵总督杨应琚，在发动征缅战争后向中央奏称，据云南提督李时升及总兵朱仑汇报，到目前为止所剿杀的缅甸敌军已达万人，而缅甸方面则已表达了罢兵归顺之意。但弘历在详阅之后，发现报告中有诸多不合理之处，于是怀疑这根本是有人在虚报战功。为了弄清楚真实的状况，弘历令侍卫福灵安在前往探病的同时，顺便去探查实情。而实际上，弘历的怀疑果然是正确的，因为根本没有什么杀敌万人之事，真实的状况是清军受到缅甸军的猛烈攻击而溃败，目前已经后撤退守。而杨应琚也因兵败而病情加重，他为了掩饰自己的指挥不当而捏造军情，希望弘历可以批准受降，然后草草了结此一行动。

年度热搜榜

得罪乡绅惹祸上身　文学创作再涉悖逆

以教书为生的江苏举人蔡显，因为得罪了地方上有头有脸的人士，于是乡绅们就打算去官府检举，说他著作中有诽谤悖逆之语。蔡显在听到这个消息之后怕惹祸上身，便抱着自己的著作前去官府自首，并一再强调书中并没有任何的不法字句。结果两江总督高晋不敢大意，看过之后立即以书中的确有诽谤悖逆之语，上奏拟请将其凌迟处死。乾隆帝在阅卷时，也举出书中所写的"风雨从所好，南北沓难分""莫教行化乌肠国，风雨龙王欲怒嗔"，以及书中抄写前人作品《紫牡丹》中"夺朱非正色，异种尽称王"等字句，都明白地显示了蔡显有隐约其词的不良意图，因而下令将其斩首，为其作序及校刊的二十四人也都遭发配之处分。

轻开边衅 杨应琚受命自尽
接手征缅 明瑞破象阵退敌

受命前往前线探病并调查实际军情的侍卫福灵安，在不久前传回调查报告，表示清军已在征缅行动中遭受重大挫败，而所有的捷报也已经被证实全系假造。弘历闻讯后大怒，便将云南提督李时升、总兵朱仑等人解职下狱，并以轻开边衅之罪命云贵总督杨应琚自尽，然后任命首席军机大臣傅恒之侄明瑞接任云贵总督一职，并调集满汉士兵共二万五千人，于九月时兵分两路再度对缅甸进军。这次的行动规划，是由明瑞率领主力军团攻木邦，额尔登额率另一军团进攻老官屯。只是当明瑞于十一月抵达木邦时，缅军已经连同百姓全都撤走，并采取坚壁清野的方式烧毁了所有的村庄，让清军没有办法就地补充军需物资。而这时粮食已经用尽的明瑞部队，只好在百余里的范围内大规模搜山，最后勉强翻出了五六百石的粮食暂时充饥。在留下参赞大臣珠鲁讷等一部分人驻守木邦之后，明瑞继续率领一万名兵士渡江追击，最后在蛮结与缅甸正规军相遇。一开始缅军以十六座木寨及象阵拒敌，

大人，敌军都被他们自己的大象踩扁了。

呼……总算打赢了……

缅甸的象阵在明瑞领军力战后被突破

明瑞带兵猛冲，终于突破象阵，而缅军则被反奔的象群给踩得死伤惨重。明瑞虽然又接连攻破城寨，杀死缅兵两千余人，但清军也为此付出了极大的代价，连他自己的右眼眶亦受枪伤。缅军见清军攻势猛烈，只好再次后撤，但此时清军因为军粮再度耗尽，所以也无法再加以追击。目前明瑞在听闻猛笼一带可能会有粮食之后，已决定先率军前往此处夺粮。

年度热搜榜

【乾隆三十三年】公元一七六八年

缅军逆势发动反击！　清军全线溃败　主帅明瑞自缢

原本已经被清军击退的缅甸部队，在见到云贵总督明瑞因为缺粮而后撤之后，便大举发起反击行动，一方面派军尾随明瑞部队；另一方面则以优势军力围攻由参赞大臣珠鲁讷防守的木邦。而当时久攻老官屯不下的额尔登额，在听闻木邦被围的消息之后，也率领部队掉头驰援，不过却在半途遭到缅军截击，所以只好放弃救援计划并绕道撤回。而久等不到援兵的木邦守军，在苦撑了十多天之后终于不敌被破，四千名清军全数被歼灭，珠鲁讷也自刎身亡。另外，明瑞的部队在猛笼夺得窖粟二万石之后，虽然粮食补给暂时得以补充，但却一直摆脱不掉缅军的纠缠。直到明瑞于蛮化山设伏，杀死四千余人后，才稍微可以喘一口气。接着清军又一路徐徐撤至距离国境仅二百里的猛育，但就在快要脱困的时候，竟又遭到数万名缅军包围。只是这一次清军再也无法脱困，只能力战到最后，除少数残余清军在浓雾掩护之下四散逃亡外，其余将士全部战死。而主帅明瑞则是自割发辫交家奴携回，并将总督印信交给侍卫人员带回永昌后，于树下自缢身亡。

缅甸王求和遭拒　乾隆帝报复攻击

可恶！一定要让你知道惹到我的下场。

征缅部队全军覆没后，乾隆无视缅甸王的求和，执意要发动大规模的报复性攻击行动

缅甸王虽然成功击退了清军并大获全胜，但考虑到自己毕竟国小兵寡，要是清军再次兴兵报复的话，恐怕其国力也将无法承受，于是便通过一名被俘兵士带回求和书信，表示愿意就此罢兵，希望双方可以和解并仍旧互通买卖。但弘历认为缅甸王此举实在太不懂规矩，如果真有乞降之意，就应当正式派遣使节递交书信，怎么可以随便叫一个俘虏将信带回，于是便下令不理会此信。弘历认为缅甸虽然获得了小小的胜利，但仍然只是个跳梁小丑的角色。之前平准那么艰困的战役，他都可以完成，征缅这等小事，只要他认真起来根本不必放在眼里。于是弘历任命长期担任首席军机大臣的傅恒为经略，阿里衮、阿桂为副将军，舒赫德为参赞大臣，云南巡抚鄂宁升云贵总督（地方行政长官），江苏巡抚明德则补云南巡抚之缺，然后下令调集五万大军、七万匹马骡，准备于明年水陆并进，发动报复性攻击，让缅甸尝尝惹到大清国的苦头。

盐引弊案意外曝光 赃银超过一千万两

新上任的两淮盐政官员尤拔世在到任后，向上奏报了一件新旧任交接的例行公文。其中提到，上任盐政普福令辖区内的盐商每一盐引（由户部发给的贩盐许可证）要缴三两白银以备公用，在总计二十七万八千两的预提盐引（因两淮人口增多，当年度的盐引不够，而先预提次年的专卖额度来销售）中，普福已经动支了八万五千余两，现余十九万余两则请内务府查收。原本这只是一件很普通的公文，但记忆力惊人的弘历觉得好像没有批过相关文件，所以便命相关单位调出档案来复查，结果发现真的没有任何相关文册。于是这件弊案就这么被弘历给揪了出来，而因此凭空消失的银两，若以一张

盐引三两，每年提引二十万张至四十万张，连续二十年以来竟有一千余万两之多。受命彻查此案的江苏巡抚彰宝及尤拔世在初步调查过后，指出在历任盐政官的隐匿之下，众盐商历年来共不当得利一千零九十万两白银，但其中办理贡品及预备南巡差务等就用去四百六十七万两，所以还欠六百多万两尚未缴交。另外，盐商还送给曾经担任盐政官的高恒十三万余两白银，替吉庆、普福等盐政官代为采买进贡给皇帝的用品又垫了数千两。弘历看到报告后十分生气，已下令将前任盐政官高恒、普福，以及前任盐运使卢见曾等人革职锁拿并查抄家产。

公文中的小细节让乾隆意外发现隐藏在背后的惊人弊案

173

山东怪案！　歹徒剪人发辫　施法谋取财物

　　山东近日来传出怪异的社会案件，据报竟然有歹徒在路上随机犯案，以干净利落的手法将路人的发辫剪掉。但这可不是恶作剧，因为这些歹徒还会把受害者被剪下的发辫扎成纸马，然后施加某种法术，再达到取人财物之目的。虽然目前地方的相关单位还在调查此事，犯案手法和所有细节也都尚未厘清，但由于许多被剪去部分发辫的人竟于事后自己把整条都剪掉，而变得不符国家的规定，所以皇帝也开始关心此一怪异案件，并要求相关单位暗中调查此事背后是否涉及政治阴谋。

征缅五难无法克服　乾隆执意出兵强压

　　为征缅行动前往永昌实地勘查的舒赫德，在与新任云贵总督鄂宁反复商议之后，发现此次的军事行动困难重重，胜算并不如预期中那么大，于是便向弘历提出征缅行动中难以克服的办马、办粮、行军、转运、适应五大难处，建议应该以设法让缅甸投诚，双方议和为上策。但是弘历不但不接受这个建议，还生气地将舒赫德革去尚书和参赞大臣的职位，改调为乌什的办事大臣，鄂宁则降为福建巡抚。同时，弘历还不服气地对军机大臣说："我堂堂大清，势当全盛，只要拨动一些兵卒和储粮，便可轻易消灭缅甸这些丑类，哪有什么办不到的。"看来，乾隆非要在军事上强压缅甸才肯罢休了。

乌鲁木齐

好远哦……

哼！谁叫你
大嘴巴……

纪昀（纪晓岚）因盐引案涉嫌通风报信让亲家隐匿财产，而被重罚发配到新疆的乌鲁木齐

——盐引案件已审结　高官多人受重惩——

之前两淮地区侵吞了白银一千多万两盐引的案件，于日前已经审查终结。起诉书中指出，前任盐政官员高恒所收的二十余万两赃银，经调查之后发现大多用于公务差办，只有三万二千两放到了自己的口袋之中。普福的情况也差不多，在八万两赃银中扣除用于差务的部分，实际侵吞了一万八千两。不过盐商未缴的余利银部分，最后的审结数字是只少了三百九十六万余两，而非原先的六百万两巨款，这些欠款则限盐商们于十年内分期交清。而高恒、普福、卢见曾等涉案官员，则是分别被处以斩首或是绞监候之刑。原本首席军机大臣傅恒还请皇帝念在高恒是已故慧贤贵妃的兄弟，希望可以留他活命，但乾隆帝却冷冷地反问道："傅恒啊……那如果是皇后的兄弟犯法，你看应该怎么处理啊？"身为皇后弟弟的傅恒听到之后，吓得魂不附体，便也不敢再多说什么。而因此案受到牵连的还有翰林院侍读学士纪昀，原因则是涉嫌通风报信给亲家卢见曾，让他在被抄家之前有机会将家产四处寄放隐匿。不过最后这些家产还是被挖了出来，而纪昀则是受到被发配到新疆乌鲁木齐的重罚。

盐引赃款流向　政府刻意回避

政治评论家针对刚刚审结的盐引贪赃案明确指出，乾隆皇帝其实一开始是真的有决心要严查此案的，但从最后的判决书来看，政府显然是刻意压低了呈现出来的赃款金额。而这么做的原因，首先，主要是考虑到若要盐商们如实赔补所有款项的话，势必会逼得他们宣告倒闭。而情况要是真的如此，不但会影响几千万人口的食盐供应，就连每年盐课所收的几百万两税银也都将收不到。所以弘历最后才会决定，对盐商们高高举起轻轻放下，主动减少其应补数额。其次，由于盐商们之前供称，中间有好几百万两都是为了给皇帝办贡品或供应皇帝南巡用掉的。要真是这样的话，那追查到最后，皇帝岂不是得要背个收受赃物、勒取民财之类的罪名。所以除对犯案官员严加惩处以整顿吏治外，关于赃款的部分可说是雷声大雨点小。含含糊糊就把高达一千万两的赃银，避重就轻地一路缩减，而对于为皇帝办贡品及南巡的花费，也都支吾其词地带过了。

由于调查结果发现盐引案一大部分的赃款都是用到皇帝身上去了，使得政府刻意回避事实真相

一定要查清楚，这些赃款都流到哪里去了，全都揪出来。

启禀皇上，已经查出来了，其实是……

赃　款

年度热搜榜

清军久攻反被围　水土不服现危机

兵分三路的征缅大军于七月自腾越启程之后，由傅恒主领的主力军团沿着南大金江西岸前进，接连攻下了猛拱、猛养等地，并进抵新街西岸。从江东向南前进的阿桂部队则停于新街东岸，而巴里衮所率领的水师则在江中策应。到了十月，总数一万六千名的三路大军已在新街集结完毕。缅军一方面立寨于江岸两侧；另一方面则是派出百艘船舰前来迎战。双方一阵恶斗之后，清军击沉缅船数艘，并击杀数百名敌军，缅军因不敌而退到易守难攻的老官屯。虽然清军继续发动攻击，又连发重炮，甚至改以火攻或挖地道等方式企图炸毁城墙，但作为首都屏障的缅军水陆要冲老官屯却仍然屹然不动。目前由于各地缅军都已陆续赶来支援，

这距离感觉好远……啊！别插队……

清军连主帅傅恒也因水土不服而饱受腹泻之苦

使得清军的态势逐渐由攻转守，陷入缅军的重重包围之中。与此同时，清军也因深入热带丛林而致水土不服，导致生病的人越来越多，不但副将军阿里衮、水师提督叶相德都相继病故，连主帅傅恒也严重腹泻，全军战力急剧下降。

台湾黄教叛乱遭荡平

去年（一七六八年）秋，台湾方面又传出动乱，冈山地区一名叫黄教的匪贼举旗造反，在号召了百余人之后，袭击官兵哨所并抢走军械。经当地官兵追捕之后，黄教不但没有屈服，反而率领部众转往雁门关、隆恩庄、斗六门等处攻击官军营房，整个反叛势力迅速在北路蔓延开来。于是乾隆帝急调福建水师提督吴必达率兵千名渡海增援，同时将观望畏敌的台湾镇总兵王巍革职。之后，黄教又转入南路继续与清军对抗，但到了今年三月，黄教被清军收买的人员行刺于诸罗山之中，在被抬至清军大营后便因伤重不治而死去，持续了半年时间的反叛行动也就此告终。

英人瓦特成功改良新式蒸汽机

自从英国在一七六四年到一七六五年，发明了可以同时带动十六个到十八个纺锤的新式手摇纺纱机，一口气提高了十五倍的工作效率之后，英国的纺织产业便异军突起，开始把产品倾销到全世界。而在不久前，根据西洋方面所传来的消息，英国人詹姆斯·瓦特今年又在纽科门蒸汽机的基础上，做出了重大改进，成功制造出一种全新的蒸汽机。虽然目前这项产品尚未达到量产的阶段，但经济学者皆表示，新型蒸汽机的问世，将使得西方国家的生产力突飞猛进，如果大清不能搭上这班科技列车的话，国家竞争力将会被远远地抛在后面。

缅甸求和　清军班师

就在征缅大军陷入全军战力陡降的危险时刻，事情的发展又有了令人意外的转折，缅甸方面竟再次遣使向清军探询议和的可能性。对此，清军统帅傅恒开出了"缅甸仍纳前贡、保证永不犯边、送还所掠兵民"三个条件作为回应。缅军同意之后，双方已于十一月中旬签字罢兵。签约仪式中，清军方面因傅恒仍未病愈，故由提督哈国兴出面主持。之后清军奉命班师，从而结束了这场战争。而傅恒又如之前大金川之役一样幸运，在情势最不利的状况之下，敌人竟然主动请求议和，让打得灰头土脸的清军仍能以胜战之师大奏凯歌，风光班师。在这场经历五年的战役中，刘藻畏罪自杀，杨应琚被令自尽，明瑞败死战场，从经略、副将军、参赞大臣，到提督、总兵，共有二十余名文武官员阵亡或病故，兵士伤亡一万余人，耗去将近一千多万两白银的军费。结果缅王还是被敕封为王，而弘历一开始提出的征缅全境并攻下其首都，斩杀缅甸王，尽剿其凶党，吞并入清，绝不接受投降五大要求，竟连一项也没有达成。只不过，毕竟仗打完了，敌人也议和投降了，也就没人再去关注这些事情了。

年度热搜榜

皇帝太后生日送大礼　第二次全国普免钱粮

今年开春，中央政府发言人便宣布了一项足以让全国人心振奋的消息，就是以皇帝今年六十大寿，而皇太后明年八十大寿的缘故，乾隆帝已经下诏第二次普免全国的钱粮税银。据户部提供的资料，这次减免的额度总计将高达二千七百九十四万余两白银，并仍循往例分三年各省轮流实施完毕。同时皇帝也要求各省督抚首长，应遍行劝谕所有受到减免的地主，主动将被免钱粮的百分之四十，折给承租佃户减免租金，让大家都享受到普免钱粮的好处。不过政府也说明，到底要减少佃户多少租金，完全看地主的良心及诚意，官方只是进行道德劝说，并不会出面干预。

中缅双方和约认知差异过大
乾隆震怒意欲兴兵袭扰缅境

中缅双方对于议和内容的认知差异很大

之前大清与缅甸在议和时，双方对条约内容的认定有极大差异，以至于又衍生出两国之间的外交冲突。清军方面对于此次议和内容的记载，是缅甸要向大清进贡、永不犯边、送回所俘清军，然后把木邦、蛮暮、猛拱三土司遣还故地。但缅军方面的记载则是说清方答应遣还逃往云南的所有土司，并承认缅甸对所属土司的主权，双方释放所有被俘官兵，并允许两国商贩自由贸易等项。由于双方对于和谈内容的记录差距颇大，且缅方又遣使以极不驯的态度要求清方履约尽快开放贸易通商，并交出木邦、蛮暮、猛拱三土司，使得弘历震怒。弘历还认为这一切都是因为当初一谈判完，阿桂便急着撤军，缅甸才得以探知清军虚实而产生轻视之心。所以在责备完阿桂之后，弘历已经要求他在今年冬季瘴气消退之时，便挑选两三千名精锐，再度对缅甸边境实施骚扰性的军事行动，以重扬大清国威，并一吐心中愤懑之气。

幸运的傅恒在两次大型战役中，都在清军溃败的情况下因敌人主动提出议和之请而班师凯旋

首席军机傅恒辞世　生前创下多项纪录

七月中旬时，担任首席军机大臣长达二十年之久的傅恒，因征缅时感染瘴疠，于班师后不久便病重去世。并非科举出身的傅恒，虽然从不谈论诗文，但却能轻易地从那些翰林出身的官员所写的文句中找出错误，并一针见血地加以修正。就连颇为自负、一向以文学才子自诩的赵翼对他也是心服口服。甚至对大臣颇为挑剔的乾隆帝，也对傅恒的天分及才干极尽称道。而且，傅恒的幸运指数真的是无人能比，当其他人在沙场上流血拼搏，在政坛上机关用尽，但仍时时担心横祸飞来之际，只有他轻而易举地在接连两次大型战事中，意外地获得了胜利，成了紫光阁群英图中的第一功臣。而在历史上，傅恒也创下了许多纪录，包括在乾隆十三年（一七四八年）以不过二十五六岁的年龄成为首席军机大臣，堪称历史上最年轻的宰辅；再者，他也是目前为止，唯一将府邸建在皇城内的大臣，而且这府邸还堪称北京第一豪宅；他还是除了宗室以外，第一位获赐三眼花翎的官员；他也是集太师、太傅、太保"三公"荣衔于一身，并且成为首位获赐红宝石顶戴及四团龙补服的纪录保持者。

土尔扈特蒙古　自俄境回归祖国

长久以来一直移居沙俄境内的蒙古土尔扈特部，因沙俄政府在连年的对欧战争中，不断对土尔扈特部征兵，使得成千上万的牧民死在异乡的战场上。之前又听说，沙皇特使还曾指着土尔扈特部渥巴锡汗的鼻子说："你只是用链子拴住的一只熊，赶到哪儿就到哪儿，而不是想到哪儿就去哪儿。"俄国政府种种傲慢无理的态度，以及永无止境的剥削，早已让土尔扈特部人民产生强烈的不满。加上之前长期欺压各部的准噶尔贵族已经被消灭，而传闻中大清统治下的新疆地区现在是一片和平安宁。所以土尔扈特部的渥巴锡汗，在刚刚逃到沙俄境内的厄鲁特领袖舍楞的强烈建议下，便决定带着三万三千余户，总计将近十七万的人口，趁着十月伏尔加河冰封之际，抛弃所有生活用具，轻装疾行回归大清国境。而沙俄政府在得到这个消息之后，也立刻派出大批士兵追击。不过渥巴锡汗也是早有准备，在顺利地击退了俄军之后，他便率领整个部落高喊："我们的子孙永远不当奴隶，让我们到太阳升起的地方去吧。"据闻满怀回归祖国喜悦的土尔扈特一行人，已于日前进入大清国所属的哈萨克领地。

已移居沙俄多年的蒙古土尔扈特部，因为受不了俄人的欺压，已决定跋山涉水回归大清

女皇陛下，土尔扈特人全都跑回大清国去了……

为什么要跑呢？我对他们很好啊，只不过征了一些兵，要了点税金而已啊……

你倒是很会轻描淡写啊。

年度热搜榜

乾隆主战欲袭缅
阿桂主和被革职

在弘历不断下达要清军发动进攻的指示下，驻守前线的副将军阿桂却一直上折与皇帝周旋，竭力反对中缅双方继续交恶，而主张与缅甸罢兵媾和。虽然阿桂屡屡在上疏中表示缅方已无不驯之意，并陈述派兵袭扰的负面影响，但弘历始终听不进去，在数度降旨责难而阿桂依然唱反调的情况之下，弘历终于铁了心，怒斥阿桂"逞其小智，昧良妄奏"而将其革职充作兵丁，然后令理藩院尚书温福前往云南代理副将军之职，以贯彻其袭扰缅甸的军事行动。

竭力反对中缅交恶的副将军阿桂被降作兵丁

清军兵进小金川　进度未如预期————

因大、小金川近年来又开始屡屡侵扰邻近土司，造成当地极度的动荡与不安，所以清廷在审慎考虑之后，决定先对小金川下手。不久前四川总督阿尔泰与四川提督董天弼已分统南北两路，从打箭炉往小金川进军。但因小金川早已事先于途中修砌碉堡，所以北路的董天弼部队行动受阻，未能完成预期的计划。而南路的阿尔泰部队，情况也好不到哪里去。在受到乾隆帝屡次谴责与催促之后，阿尔泰采用了部将宋元俊的建议，将兵力分成三股包围小金川，到目前为止可说是小有斩获，已攻下百余座碉寨。

182

土尔扈特返国之旅历经艰险
乾隆即令救济散发祖国热情

土尔扈特部人历尽千辛万苦终于回到祖国的怀抱

出发前

出发啰！

到达后

终于到了……

　　去年年底开始踏上回归祖国之路的蒙古土尔扈特部，在离开沙俄领土之后，先是遭到哈萨克部族的抢劫而丧失了大批的物资与牲畜，接着又遇到布鲁特人的袭击，被逼得只好进入连绵数千里的大戈壁继续前进。在这段艰苦的旅程中，放眼望去只有无尽的滚滚黄沙，在没有任何水草的情况下，土尔扈特人咬牙苦撑，靠着饮牛马之血而往梦想地前进。历经了八个多月的磨难之后，土尔扈特人终于走到了伊犁边外的清军哨站。不过此时，出发时超过十七万的人口，在恶劣气候与瘟疫的双重打击之下，竟然只剩下七万个虚弱的身躯。政府高层之中，虽然也有人对土尔扈特的投诚持质疑的态度，但弘历从各方面考虑之后，深信土尔扈特乃是真心投诚向化。在听闻土尔扈特人历经险途后已是衣服破烂、靴鞋俱无，甚至有幼童竟无一丝寸缕的惨状后，乾隆便下令以最快的速度给予接济。于是当地官员立即从府库之中翻出棉袄、毡衣、鞋袜等六千余件衣物，然后从中挑选可用的迅速发放，另外又调来两万余封官茶、四万余石米麦、五万余件羊裘、六万余匹布、近六万斤棉花、二十六万余只牲畜、四百余具毡庐以及二十万两白银，还从邻近部族征拨了十二万头牲畜，把这些物资全数赏给土尔扈特部，以确保他们能在祖国重新建立起新的家园。九月时，渥巴锡汗等人奉命到热河觐见并接受册封，其部众也被编为旧土尔扈特部十个札萨克旗，安置在天山以南的珠勒都斯一带放牧。而随着渥巴锡汗一同回归的厄鲁特部降人舍楞，也被赦免当初杀死清军将领之罪，所属部众被编为新土尔扈特部两个札萨克旗，安置于科布多城西南放牧。

清军征小金川战事受阻　放弃袭缅改调温福赴川

弘历由于对四川总督阿尔泰征剿小金川的进度十分不满意，所以只好先暂时放弃袭击缅甸的计划，命远在南方战线的温福为定边右副将军，与阿桂带领云南的满洲兵前往小金川，会同阿尔泰一起行动。虽然清军在十月时经过会商，决定兵分三路对小金川发动攻击，但攻势仍然不顺。为此已逐渐感到不耐烦的乾隆帝，便命温福统筹进剿小金川的所有军务，同时将阿尔泰给革职改以桂林接任四川总督，而四川提督董天弼也被革职并暂由阿桂代理。

由于攻势受阻，原本主导小金川军务的阿尔泰及董天弼被革职，改由温福、桂林、阿桂上场

184

清军墨垄山遭挫　阵亡近三千兵士

在定边右副将军温福的指挥下，虽然西路军陆续攻占小金川的战略要点巴朗拉及达木宗巴，但四川总督桂林所率的南路军却在进攻墨垄山时遭受挫败。据记者所得到的消息，原本桂林令部将薛琮率领三千武装部队，想要抄截小金川后路，但险道却早已被小金川占领，加上其碉寨又构筑得十分坚固以至于未能立即夺取。这时，又有一支敌军自后路抄出，将这支清军包夹其中。于是薛琮的部队便在桂林策应不及的状况下，几乎全军覆没，只有两百多人狼狈逃出。乾隆帝只好下令重新整顿清军编制，将桂林解职，改由阿桂率南路军，准备再次启动一波攻势。

原本想抄截小金川后路的清军，却反被敌军包夹围杀，伤亡十分惨重

清军在平定小金川之后，以索人遭拒为借口，继续发兵向大金川进军

将军，大金川拒绝把人交出来。

没关系，早料到了，刚好用这个借口发兵攻打大金川……

好坏啊你。

俄借外交途径索人
清廷坚定严词拒绝

　　由于原本已迁居沙俄境内的蒙古土尔扈特人，举部回到大清国的怀抱，让沙俄不管是在财物上还是兵源上都受到很大的损失。在派出部队截击不成后，俄方便想利用外交途径，试图改变这一事实，于是便遣使向清廷提出将土尔扈特部渥巴锡汗及部众，以及被俘前来的俄人遣回的要求。只是这要求送到乾隆帝面前后，便立即遭到断然拒绝。已经将土尔扈特安置妥当的弘历，不但表示不可能将土尔扈特人交出去，甚至还态度坚定地表示连俄人也没有必要送回。俄方在收到这样的回应之后，知道一切已成定局，也只好就此放弃。

清大军两路总攻
小金川全境平定

　　时序进入下半年，已升为定边将军的温福对小金川的进攻可说是连连得手，一举拿下了许多险要大寨。而这时副将军阿桂所率领的南路军也是表现亮眼，在扫清几处易守难攻的敌军阵地之后，终于得以与温福会师，并联手对小金川发起最后的总攻。这次的进攻清军可是铆足了力气，不但占领诸克明郭宗、底木达等重要据点，还俘获了小金川土司泽望，唯一可惜的是被泽望之子僧格桑给逃到大金川去了。不过，在温福向大金川索人遭拒之后，也刚好给了清军一个进军的借口。

温福不听旁人之劝，坚持采取分散兵力、以碉制碉的战术，已令清军陷入重大危机之中

温福转攻大金川　筑碉分兵陷险境

在小金川之役立下大功的定边将军温福，于年初再与副将军阿桂、丰升额兵分三路进击大金川。不过，温福这次所采用的战略，居然是之前讷亲曾提出的以碉攻碉之策。就是令清军构筑上千个坚固的石碉，然后把两万名军兵分散在石碉中，与躲在战碉之中的金川兵相互对峙。据闻，有人曾向温福警告这样做的话，恐怕将不利于战事的进行。但温福似乎因为刚刚才平定了小金川，有点兴奋过头，所以根本听不进别人的建议。而军事分析家也认为，温福此举实在过于冒险，因为过于分散的兵力，将会使得清军在接下来的行动中失去主动性，甚至有被各个击破的潜在危险。

《四库全书》无论在编纂还是抄写上要求都十分严格，字体不工整或错字太多的都会被罚抄一万字

《四库全书》开始编纂

去年（一七七二年）年底，安徽学政朱筠提出了搜罗民间遗散书籍，并重新校辑《永乐大典》的建议。在得到乾隆皇帝的同意之后，中央政府便于今年二月正式设立了"四库全书馆"，以便进行搜书、选书以及编纂的工作。而这个庞大的文化工程所需要的书籍来源底本，一部分是武英殿等处所藏的内府本，也就是政府的官刻藏书；另一部分则包括奉旨编纂的赞撰本，以及由各省督抚征集而来的采进本、各省藏书家进呈的私人进献本、社会上普遍流行的通行本，与前明所编的《永乐大典》本。在乾隆帝的指示下，这套名为《四库全书》的书籍，将重新以"经、史、子、集"为四大纲领来分类。由于编书工程浩大，所以在六阿哥永瑢的领导下，将以军机大臣刘统勋等六人为正总裁，尚书英廉等五人为副总裁，翰林院编修（负责典簿记载的官员）纪昀、刑部郎中（中级官员）陆锡熊为总办，来进行这一项工作。预计实际参与编纂工作的官员将会有三百六十余人，而负责抄写的工作人员则每天至少要有六百人。为了保证进度，政府也规定这些抄写员每人每天要抄写一千字，并对字迹笔画有极为严格的要求。听说如果被发现有字体不工整或抄本中出现错字的，就会被记过一次，另外再罚多写一万个字以作为处罚。

·

金川诈降夜袭　温福大意战死

　　自从六月时，率领着数千人的金川头目向政府军投降，并被定边将军温福安置之后，清军的悲剧就注定要发生了。原来，被安置在清军营寨中的这些人根本就是来诈降的，为的是探听清军的虚实及布置，然后作为内应。到了和小金川土司之子僧格桑约定日那一天，这些降兵便在半夜从里面打开清军底木达大寨的营门，让金川兵一拥而入，而只率五百兵力驻守于此的董天弼则是当场力战而死。在底木达失陷之后，金川兵又以飞快的速度攻向温福所在的木果木大营。温福见状立刻下令关闭大营四门，结果前来运粮的三千多个民户，因被拒于门外而自相践踏并连夜溃去。之后金川兵发动强攻，大营木栅被夺、水道被断，而作为主力的绿营兵竟然未能坚守而溃散奔逃，温福也在混战时中枪阵亡。此役清兵遭到空前的惨败，除南路的阿桂部队未受任何损失外，总计折损文武官员数十人、士兵近四千名、米一万五千余石、银五万余两、火药七万余斤。

金川利用降兵发动夜袭，结果清军的主力绿营兵竟溃逃而导致大败

189

乾隆软硬兼施，以奖赏和威吓的手段让藏书家献书协助《四库全书》的编纂

软硬兼施　藏书家纷纷献书

在中央政府宣布进行《四库全书》的编纂工作之后，由于从各地征集得来的民间藏书量不如预期，所以乾隆皇帝特别宣谕，表示绝对不会借着访求遗书，而于书中录摘瑕疵，罪及收藏之人，并表示这只是暂时借书抄录，等抄录完了之后，仍会把原书发还给持有者，要藏书家们打消疑虑，尽量踊跃地提供藏书。但同时乾隆皇帝也语带威胁地表示，如果这次传谕之后，仍有隐讳留存，而在日后被查出书中有伪妄之词者，到时将不会轻饶。而献书量多的不但可以获得赠书的奖励，还能得到皇帝亲题的墨宝。就在这样威胁利诱的情况下，各地藏书家便纷纷献上了大批的私藏图书。其中杭州藏书家鲍廷博之子鲍士恭，就献了"知不足斋"藏书一千九百余种，宁波藏书家范懋柱则献出"天一阁"藏书六百零二种，加上汪启椒、马裕等人，所献的书就超过两千种。乾隆皇帝对于这样的成果非常满意，下令赏给这四人《古今图书集成》各一部，而其他献书一百种以上的，则赏给刚刚刊印成的《佩文韵府》各一部，以作为鼓励。

阿桂受命为定西将军　七天收复小金川失地

乾隆皇帝弘历在初闻定边将军温福战死的时候，因感念其为国捐躯，特别追赐其一等伯爵之衔，但后来又从其他人口中得知，原来温福平日便不得人心，遇到紧急事故时又手足无措，所以便又革去其一等伯爵之衔。而在大金川惨败之后，一度对于进兵还是撤军拿不定主意的弘历，便与首席军机大臣刘统勋商议。年已七十四岁的刘统勋认为若在此时撤军的话，后果将会不堪设想，于是便推荐阿桂为定西将军，再发京师八旗健锐营、火器营，以及黑龙江、吉林、厄鲁特等一万七千名军兵，重新对金川发动攻势。这次阿桂在经过深思熟虑以及充分准备之后，

于十一月底兵分三路齐进，仅以七天的时间便收复了小金川全部的失地。为了避免重蹈覆辙，阿桂吸取上次敌人诈降的教训，将小金川的降众全部迁往内地，然后一把火将小金川的重要寨落全给烧了，以彻底孤立大金川，为接下来的军事行动做好准备。附带一提的是，据记者所知，其实在六月底时阿桂原本是接任温福的"定边将军"，但后来弘历觉得在顺治年间由爱星阿佩戴的"定西将军"印信最为吉祥，于是在八月又下令将此印交由兵部迅速由驿递发交阿桂，将其改授为定西将军。

阿桂接任定西将军之后，以七天的时间便收复小金川的失地，准备进军大金川

咦？为什么换成这颗印信了……

皇上说这颗"定西将军"印比较吉祥，会有好运呢。

对啊……另一颗之前的主人战死了。

被乾隆誉为真宰相的首席军机大臣刘统勋为官五十年，死的时候仍然只住在破旧的房舍之中

请问刘大人的家是哪一间？

就这间。

不会吧！是首席军机大臣呢，怎么可能房子这么简陋。

没错啊……
我就是他儿子刘墉，我来签收就可以了。

首揆刘统勋卒于上朝途中　乾隆不舍赞真宰相谥文正

被任命为《四库全书》正总裁之一的首席军机大臣刘统勋，在不久前的一天清晨猝死于上朝的轿子之中，享年七十五岁。据随行轿夫表示，那天一大清早轿子来到紫禁城东华门外面时，轿夫们忽然察觉轿子向一边倾斜，于是掀开轿帘查看，便发现刘统勋已经在里面昏死过去。虽然弘历在闻讯之后，立刻急派尚书福隆安送药急救。但是当他到达时，这个清朝开国以来首位汉人首揆，便已经没有了生命迹象。之后，乾隆皇帝亲临位于驴市胡同中的刘家祭奠，但因为刘家的门庭实在过于矮小，皇帝的大轿子根本抬不进去，所以还特地把轿子的顶盖给拆卸下来，才让皇帝进到简陋的宅邸之中。这时，弘历发现刘家的生活竟然极其俭朴，家中原有的数十亩田地及一处茅舍，在刘统勋为官五十年之后，竟然未增尺寸，使得弘历在回到乾清门时，忍不住落泪，悲痛地向群臣说他失去刘统勋的辅佐，就有如失去股肱一般，还说刘统勋不愧为一个真宰相。随后弘历降旨赠予太傅（荣誉虚衔）、赐祭葬、入祀贤良祠，还特别将只有品学德业无愧完人者才能获得的谥号"文正"，颁赐给刘统勋，使他成为清朝大臣中初殁即得谥"文正"的第一人。

年度热搜榜

【乾隆三十九年】公元一七七四年

啪！

啪！

动作快！

脱逃滋事
即行正法

呜，不如当初
战死算了……

绿营溃兵遭到严惩
胸挂铁牌苦差拘禁

之前在木果木之役中溃逃而造成清军大败、主帅温福战死的三四千名绿营士兵，被政府逮回来之后遭到严厉的惩处。这些被分散安插到湖广、粤西等地各县的溃兵，不但得从事重体力劳动，还必须在胸前挂着刻有"脱逃滋事、即行正法"八字的厚重铁牌。同时，中央政府也责令负责管束的各地方单位，白天让他们干苦活，且不得与其他犯人接触，夜晚时则将其分别拘禁在空房之中并派专人管束，以作为其他部队的警示。

阿桂奋力进攻　金川渐感力竭

定西将军阿桂在年初时对大金川发动了大规模的攻击行动，不过由于敌军事前已经做了充分的准备，早在各险要之处建立了难以攻取的石碉，所以清军的攻坚战进行得异常辛苦。据随军记者的目击，每一座碉堡都必须经过数度惨烈的攻防，在大金川守军乱石抛击、枪矢齐发的状况下，奋力攀墙、不顾生死地向前涌进才能拿下。只是在清军如此强力的攻势之下，敌军终于力竭，而碉堡也开始接连陷落。于是大金川土司索诺木，只好派人将之前已死的小金川土司之子僧格桑的尸体献出乞降。不过清廷为了避免投降后再度反叛的事情一再重演，所以并未批准这项投降的请求，仍命阿桂尽全力夺取大金川。

—— 山东王伦起暴动　官军施法求御敌 ——

真的有效呢。

臭气熏天

甩

束手无策的官军竟然想出一些怪招想要退敌

山东地区日前发生了大规模的起义，目前已有好几个地方的县城被起义军占领，情势可谓是十分危急。据记者所得到的情报，这次发动武装起义的核心团体，是一个叫作"清水教"的秘密宗教组织。而被信徒们称为"收元教主"的发起人王伦，不但精通棍棒气功之术，又善于为人治疗皮肤病，所以在山东各地拥有数千名的信众。不久前，王

伦公开对外宣称说八月之后将会有为期数十日的大浩劫，到时只有跟从他的人才可以逃过一死。同时，他又自称为"真紫微星"降世，并与徒弟王经隆在八月底，分别于寿张、堂邑两地同时发起武装起义。巧的是叛军起事之时正好风雨大作，所以民众也就更信服他的神力，很快便聚集了两千多个人。气势正盛的起义军在接连攻下了三座县城之后，搜抄库藏、释放囚犯，并以"收人心、不杀掠，一切食物易之以价"的原则行事，进而获得了广大群众的支持，而使得起义军的实力迅速扩大。目前各县的官府守军可说是毫无抵抗能力，只能节节败退。听说临清的守将在束手无策之下，还想出了奇怪的方法来抗敌，就是把城中的所有妓女都叫到城上，并下令她们解下内衣裤，然后拿着这些内衣裤，并用扫帚蘸着鸡血、狗血及粪汁洒向起义军，借此作为退敌的唯一方法。

无良讼师教唆诬告　政府立法连带治罪 ·········

由于近年来各地的诬告案件层出不穷，百姓无端兴讼的情形也日益严重，所以政府便委托学术单位进行研究。而这份研究报告明确指出，这一切的关键，就在于靠着帮别人打官司为生的讼师（代为书写诉状的文士，类似律师的角色），在诉讼案中并不需要负任何的刑责。于是他们便四处唆讼，以法律专业背景鼓动百姓诬告他人，以从中赚取费用。有鉴于此，政府颁布了新的规定，今后只要被查出是唆讼诬告者，不但诬告要负担刑责，连讼师也必须按例治罪，甚至连地方官也都要一并接受惩处。

官军镇压山东王伦　义军不敌惨遭杀戮

清水教接连攻陷山东数城的消息传出之后，清廷立刻命大学士舒赫德开赴山东剿捕王伦，随后又派额驸拉旺多尔济、左都御史阿思哈带侍卫章京及健锐、火器二营前往一同会剿。这时因官军施法退敌无效而已经攻占临清的王伦，在政府军以优势兵力猛攻之后，也寡不敌众只好让起义军转入城中准备进行巷战。当日，政府军破城而入，但起义军仍利用交错复杂的巷弄四处伏击政府军。听说还有人爬到屋顶上抛砖掷瓦，而政府军则是因为路径不熟所以只好暂时先行撤退。到了第二天，政府军改以重炮轰击，才终于击溃了义军。拒不投降的王伦最后在原任巡抚的宅邸小楼之上自焚而死。但是政府军在拿下临清之后，竟展开了血腥屠杀，造成将近两千人的死亡。事后因为过多的尸体堆满巷道而开始发出阵阵恶臭，官兵才在乾隆皇帝的指示下，于城外挖了两个大坑，把这些尸体依男女之别投掷其中并加以掩埋。起义虽然仅仅历时一个月便宣告结束，但因事发地点位于大清国的腹心之地，所以已引起中央政府的高度重视。为避免类似事件再次发生，政府已要求各省务必确实推行保甲制度，并在舒赫德奏请之下查禁民间鸟枪。

热搜事件榜单

199

202